本书获浙江省高校重大人文社科攻关计划项目
（项目编号：2023GH073）资助

高等职业学校
专业负责人
质量文化领导研究

周应中 著

ZHEJIANG UNIVERSITY PRESS
浙江大学出版社
·杭州·

图书在版编目（CIP）数据

高等职业学校专业负责人质量文化领导研究 / 周应
中著. -- 杭州 ： 浙江大学出版社，2024.4
　　ISBN 978-7-308-24757-3

Ⅰ．①高… Ⅱ．①周… Ⅲ．①高等职业教育－文化产
业－人才培养－教育研究 Ⅳ．①G718.5

中国国家版本馆CIP数据核字(2024)第059734号

高等职业学校专业负责人质量文化领导研究

周应中　著

责任编辑	蔡圆圆	
责任校对	许艺涛	
封面设计	续设计	
出版发行	浙江大学出版社	
	（杭州市天目山路148号　　邮政编码　310007）	
	（网址：http://www.zjupress.com）	
排　　版	杭州林智广告有限公司	
印　　刷	杭州高腾印务有限公司	
开　　本	710mm×1000mm　1/16	
印　　张	14	
字　　数	206千	
版 印 次	2024年4月第1版　2024年4月第1次印刷	
书　　号	ISBN 978-7-308-24757-3	
定　　价	68.00元	

序　一

质量是教育学人最为耳熟能详的概念之一，既体现了政府和社会寄予学校的期待以及向学校传导的外部压力，也隐含着一所学校持续追求的内在品质。具有"生态"性质的质量文化是教育系统和教育机构最深沉、最持久、最有力的独特文化。学校质量文化的培育与生成，离不开教师、学生、管理人员及各种利益相关者从心理和文化上对质量的高度认同，并在行为上从制度约束内化为行动自觉。专业负责人是高等职业学校专业建设的中坚力量，这一群体对学校质量文化培育与生成的作用发挥问题值得深入探究。

本书作者基于自身的理论学习和工作实践，开展了高等职业学校专业负责人质量文化领导相关问题的探究。事实上，对这一论题的探究，至少需要思考3个前提性问题：高职专业负责人质量文化领导何以可能？高职专业负责人质量文化领导是什么？高职专业负责人为什么要实施质量文化领导？作者基于现代领导理论语境，分析了学术领导和教育行政领导的区别，形成对高职专业负责人质量文化领导研究与实践的可行性论证；从"质量文化""文化领导"等概念剖析出发，明确界定了质量文化领导的内涵与特征；从改进高职专业质量管理、提高人才培养质量的紧迫性等视角，阐述了高职专业负责人质量文化领导的必要性。作者对这些前提性问题的论述帮助我们形成了对这一课题的理性认知。

作者开展了一定范围的访谈与问卷调研，运用扎根理论法和数理统计法进行了数据分析处理，评估了高等职业学校专业负责人质量文化领导行为现状，并识别和验证了其影响因素，深化了相关规律性认知问题。

作者在相关研究基础上，构建了以专业负责人人才培养质量观为核心，以质量愿景塑造、团队合力凝聚、教学资源整合、课程教学组织、质量绩效改进、专业发展引领 6 个维度为支撑的高等职业学校专业负责人质量文化领导行为框架，可谓研究的一大成果，为高等职业学校专业负责人实施质量文化领导明确了方向。

作者具有多年从事高等职业学校教学管理的实践积累，同时勤于钻研，勤于思考，勤于动笔，在繁忙的教学管理岗位工作之外圆满完成学业，取得了教育博士的学历和学位，实属不易。本书是他学业成果的结晶，鉴于主客观等方面的限制，难免存在一些不足和缺憾，但还是相信本书能够对丰富教育领导和质量文化理论与实践做出积极贡献，并期望作者在职业教育管理的理论与实践探索中不懈努力！

美雪萍

浙江大学教授、博士生导师

2023 年 3 月 1 日

序　二

文化建设是学校高质量发展的核心路径，一所好的学校必然形塑优良文化。在我担任浙江金融职业学院校长、党委书记期间，学校曾专门成立文化建设委员会及研究所，推动"三维文化"建设，编写出版文化建设丛书，并连续十届组织举办全国高职教育文化建设和可持续发展论坛，在高职学校文化建设理论与实践研究中积极探索。

当然，"文化"是一个十分复杂的概念，不同学科、不同视角、不同阶段对其会有不同的解说、不同的判断，也会有不同的呈现方式，给予理论与实践研究者足够的研究空间。周应中博士的博士学位论文就是选取学校文化建设中的一个视角。他的研究聚焦于高职学校专业负责人质量文化领导行为，视角新颖且恰当，体现了较好的学术洞察力。首先，该研究是一个理论话题。他是基于"领导是一种责任、一种影响力""人人都是领导者"等现代领导理论观点开展研究的。其次，这一研究具有很强的实践价值。专业负责人在高职学校专业建设中发挥着统领、"操心"、负责等作用，必然在学校质量文化培育与生成实践中担当着"领导"之责。

摆在我们面前的这本新作，是周应中博士在其博士学位论文基础上修改完善而成的。他坚持理论与实践并重的写作思路，一方面，坚持理论创新原则，对高职学校专业负责人为什么必须实施质量文化领导、应该如何实施质量文化领导、实施质量文化领导会受到哪些因素影响等规律性认知问题进行了深入探讨，系统研究高职专业负责人质量文化领导理想样态以及生成机理，形成了明确结论。另一方面，周应中博士从实践中选择真问题，对高职学校专业负责人质量文化领导现状进行了全面评价和验证，发现并剖析存在的问题，并从理念提升、角色嬗变、能力强化、环境支持等四个方面提出了高职专业负责人质量文化领导的改进策略，这必将有利于指导高职专业负责人不断创新质量文化领导实践。

该著作对职业院校管理者、职业院校专业负责人、职业院校师资培训机构、职业教育行政部门、职业教育研究者具有较高的研究价值和参考价值。

相信，广大读者阅读此书，必将"开卷有益"。

中国高等教育学会职业技术教育分会理事长

浙江金融职业学院教授

2023 年 3 月 1 日

前　言

在《国家职业教育改革实施方案》正式颁布，高职教育迈向高水平建设、高质量发展的时代背景下，质量文化培育与构建成为高职教育领域新一轮质量建设热潮中的一个重要课题。专业建设在高等职业学校发展中居于核心地位，专业负责人作为专业建设的中坚力量，在质量文化培育中必将发挥不可或缺的重要作用，专业负责人质量文化领导的理念与实践成为亟待关注与探讨的问题。本书遵循"提出问题—分析问题—解决问题"的技术路线，采取定性研究与定量研究相结合、理论研究与实证研究相结合的研究方法策略，层层递进，环环相扣，不断深化对问题的认识。通过对高等职业学校专业负责人质量文化领导的全面系统的分析，本书主要得出以下几点结论。

第一，高职专业负责人走向质量文化领导具有内在必然性。通过对高职专业建设及质量管理历史与现状的研究，发现问题、追溯根源，论证了加快培育高职专业质量文化的必要性和紧迫性。采用质性分析方法，从更为抽象的一般意义层面归纳总结出高职专业负责人所要履行的角色任务，确指了专业负责人在高职教育质量建设攻坚阶段亟须发挥重要的带领作用，履行质量文化领导职责。

第二，高职专业负责人质量文化领导可以从 6 个方面展开实施。面向 15 位职教研究专家、高职学校校长、教务处长、二级院系负责人开展访谈，运用扎根理论方法，提出高职学校专业负责人是在自身的人才培养质量观的主导下，在质量愿景塑造、团队合力凝聚、教学资源整合、课程教学组织、质量绩效改进、专业发展引领 6 个领域实施质量文化领导，每个领域细分 3—4 个维度，形成了高职专业负责人质量文化领导行为框架。

第三，高职专业负责人质量文化领导"实然"与"应然"之间存在不小的差距。以专业负责人质量文化领导行为框架的 6 个领域及 22 个维度为基础，本书开发了高职专业负责人质量文化领导现状评估问卷及半结构访谈提纲，面向 30 位专业负责人及 19 位普通教师、行政管理人员开展访谈和补充访谈，面向 529 位专业负责人开展问卷调查，形成了高职专业负责人质量文化领导现状五方面评估结论：不同人口统计学特征专业负责人质量文化领导履责呈现差异，专业负责人在质量管理中发挥了积极作用但质量观引领不足，专业负责人认同质量文化领导的实践意义但履责自觉性不强，专业负责人愿意采纳质量文化领导方式但履责能力尚待提高，高职学校对专业负责人质量文化领导的期待很高但支持不够。

第四，高职专业负责人质量文化领导受"两层面八因素"影响。影响因素调研和现状调研的访谈与问卷样本属于同步获取。通过对访谈资料的梳理，建构了高职专业负责人质量文化领导影响因素的理论模型，提出相应的理论假设，并开发调研工具对理论假设进行验证。影响因素的识别和验证结果表明，高职专业负责人质量文化领导的影响因素包括个体层面因素（专业负责人的身份认同、成就动机、对质量文化内涵的认知、个性特征与能力）和学校组织层面因素（组织文化氛围、专业建设机制、专业负责人发展的激励机制、专业负责人能力提升平台）。

第五，高职专业负责人质量文化领导亟须寻找优化路径。高职学校可以从理念提升、角色嬗变、能力强化、环境支持 4 个维度优化专业负责人质量文化领导。理念提升策略包括承认并唤起统领专业质量文化培育的自我责任担当意识、增强基于人才培养质量观认同的专业质量文化培育自觉、深化对高职专业质量文化培育与生成规律的理解与探索；角色嬗变策略包括降低管理重心并向专业赋权增能、重构专业负责人的激励评价机制、推进专业负责人专业化角色转变；能力强化策略包括提升专业负责人的道德修养和职业素养、强化履行质量文化领导职责的实践历练、加强专业负责人质量文化领导能力培训；环境支持策略包括系统规划与持续实施校本质量文化建设、将质量文化要素全面嵌入专业建设评价、推动质量观念共享的专业教学团队建设。

目录

CONTENTS

第一章 绪 论 / 1

　第一节　写作缘起 / 1

　第二节　研究目的与意义 / 5

　第三节　概念界定 / 7

　第四节　文献综述 / 13

　第五节　研究问题与研究方法 / 34

　第六节　研究思路与技术路线 / 37

第二章 研究的理论基础 / 40

　第一节　教育现代性理论及其应用分析 / 40

　第二节　组织文化理论及其应用分析 / 44

　第三节　角色理论及其应用分析 / 50

第三章 高职专业负责人质量文化领导的本真追求 / 53

　第一节　高职专业负责人质量文化领导的内在动因 / 53

　第二节　高职专业负责人质量文化领导的本质与特征 / 64

　第三节　高职专业负责人质量文化领导的行为框架 / 67

第四章 高职专业负责人质量文化领导的现状调研 / 82

　第一节　高职专业负责人质量文化领导现状的质性访谈 / 82

　第二节　高职专业负责人质量文化领导现状的量化分析 / 95

　第三节　高职专业负责人质量文化领导现状调研的综合结论 / 116

第五章　高职专业负责人质量文化领导的影响因素 / 124
　　第一节　高职专业负责人质量文化领导影响因素的识别 / 125
　　第二节　高职专业负责人质量文化领导影响因素的验证 / 141
　　第三节　高职专业负责人质量文化领导影响因素研究的
　　主要结论 / 149

第六章　高职专业负责人质量文化领导的优化策略 / 152
　　第一节　优化高职专业负责人质量文化领导的理念提升策略 / 153
　　第二节　优化高职专业负责人质量文化领导的角色嬗变策略 / 159
　　第三节　优化高职专业负责人质量文化领导的能力强化策略 / 164
　　第四节　优化高职专业负责人质量文化领导的环境支持策略 / 168

第七章　研究结论与反思 / 175
　　第一节　研究的主要结论 / 175
　　第二节　研究可能存在的创新 / 179
　　第三节　研究局限与研究展望 / 180

参考文献 / 182

附　录 / 202

后　记 / 214

第一章

CHAPTER 1

绪　论

第一节　写作缘起

2019 年，《国家职业教育改革实施方案》正式颁布，推出了许多具有突破意义的改革举措，为打造职业教育的类型教育特征、系统推进职业教育发展提供了基本遵循。在这份纲领性文件中，有关高职教育的统领性标题用的是"推进高等职业教育高质量发展"，这宣示着高职教育进入提质升级攻坚阶段，正在迈入属于它的"黄金时代"。

在高水平建设、高质量发展的时代背景下，高职教育领域掀起了新一轮的质量建设热潮，培育与构建质量文化成为其中一个重要课题。质量被称作高等职业学校①的"生命线"，文化则是贯穿生命线的"灵魂"，质量文化作为一种无形的强大的内生力，其培育与构建势必亟须得到更多关注和实践。

专业建设在高职学校内涵发展中居于核心地位，专业负责人自然成为专业建设乃至学校发展的中坚力量，在质量文化培育与构建中必将发挥不可或缺的重要作用。因此，笔者以高职学校专业负责人作为研究对象，探讨专业负责人如何领导高职专业加快质量文化培育，以期为推进高职专业内涵建设和质量文化生成提供可循的理论依据和实践路径。

---

① "高等职业学校"是指实施高等职业教育的高等学校。在本书中，"高等职业学校""高职学校""高职院校""高职"四者的内涵一致，为了行文简洁，绝大多数地方都使用"高职"。

一、经济发展及产业升级亟须提升高职人才培养质量

当今，我国经济社会发展进入新阶段，"中国制造 2025"战略、"一带一路"倡议、"互联网+"计划等强力推进，人口红利消失，产业结构由劳动密集型为主向知识、技术、创新密集型为主转变，产业形态加快重塑。人工智能的迅猛发展、大数据的积累、互联网向物联网的拓展、云计算的可能性等，使人与人、人与物、人与时空的交互发生了颠覆性改变，进而重塑着产业发展模式，重构了生产组织方式，提高了劳动生产率。[①]然而，从人力资源看，我国产业技术工人总量不足，技能素质总体不高。据统计，目前我国产业工人数量为 2 亿人左右，但高级技工不到 4%，这和发达国家特别是制造业强国 30% ~ 40% 的高技能人才占比差距较大。[②]因此，作为与经济社会发展紧密联结的教育类型，职业教育肩负着培养更多高素质劳动者和技术技能人才的历史使命，迎来了实现高质量发展、增强适应性的重要战略窗口期。高职学校必须加快走上以提高人才培养质量为核心的内涵式发展道路，适应产业转型升级和劳动者就业创业需要。

就高职教育领域而言，其经历着从规模大走向质量优、迈向实力强的不同发展阶段。在高等教育大众化、普及化进程中，高职教育规模逐渐拓展，成为高等教育"半壁江山"。2019 年我国独立设置的高职高专院校 1423 所，占普通高校总数的 52.94%；约 1281 万名在校生，占全日制普通高校学生总数的 42.25%。[③]经过以规模扩张为主旋律的蓬勃发展之后，高职教育发展重心转移到内涵建设和"质"的提升，提高人才培养质量成为最核心、最紧迫的任务。

---

① 刘晓 . 高职学校高水平专业群建设：组群逻辑与行动方略 [J]. 中国高教研究 ,2020(6):104-108.
② 邢顺峰 . 建设高质量职业教育体系增强职业教育适应性 [J]. 中国职业技术教育 ,2021(3):12-18.
③ 教育部 .2019 年全国教育统计数据 [EB/OL].(2020-06-11)[2020-09-03].http://www.moe.gov.cn/s78/A03/moe_560/jytjsj_2019/qg/.

二、改进高职专业建设及质量管理亟须培育质量文化

高职学校以专业作为履行人才培养职能的基本单位和重要支柱，将提高专业建设水平作为实现学校内涵发展的重要引擎。目前，体现高职学校内涵水平的最基本最重要的指标，往往集中于专业建设方面，包括专业教学团队实力、专业负责人水平、招生分数线、毕业生就业率和就业质量等。有多少国家级或省级重点、特色、优势、骨干专业，有多少优秀专业负责人，往往是衡量高职学校内涵水平的最重要指标。因此，近些年来我国高职学校采取了各种举措不断加强专业内涵建设。但是通过考察，本书认为，这些举措主要集中在师资队伍、实训基地、教学环境、专业教学资源库、专业教学标准和人才培养模式等方面，缺乏对专业质量文化培育与构建的关注与实践。

在提高人才培养质量成为高职教育改革发展核心任务，高职学校发展重心转移到内涵建设的时代背景下，高职学校越来越重视建设质量管理制度，采用多种质量监控策略与技术，构成高职教育质量管理实践场域，完善人才培养质量保障体系。但是，在早期企业全面质量管理理念与实践经验的影响之下，高职学校人才培养质量的监控与管理往往局限在工具、程序或技术层面，对学校组织文化创新及质量文化培育的关注与实践不足，往往并不能取得预期的质量成效。研究认为，只有更加重视质量文化的培育与生成，高职学校质量管理才能真正得以改进，质量建设才会具有最深沉、最有力的力量，提高人才培养质量才能获得最根本、最持久的方法。

三、丰富教育领导和质量文化理论亟须深化相关研究

现代治理理论对组织管理模式创新提出新观点，认为处于组织结构顶层以及中层的管理者已经越来越不容易获取与掌控足够的有效信息以保证科学决策和及时实施，必须向基层组织创新单元赋权。置于日益激烈的外部竞争环境中的高职学校同样需要创新组织管理模式，向专业赋权、向基层教学组织赋权已

经是不得不采取的抉择，专业负责人必须发挥自身在专业组织中角色定位的应有作用。高职学校专业负责人不能仅仅是承担一两门专业课程教学的教师，也不能仅仅是基层教学的组织者，其角色定位应该是通过目标塑造、价值观共享、愿景勾勒、行动示范等方式和途径，带领专业教学团队研制并实施专业发展规划，实现专业人才培养目标的"领导者"。高职学校专业负责人应在深化专业内涵建设、提高人才培养质量中发挥不可或缺、举足轻重的作用。

经济发展及产业升级的时代背景倒逼高职学校提高人才培养质量，而在质量提升战略中，高职学校必须向基层赋权，改进质量管理、加强专业内涵建设，专业负责人的重要性因而凸显。那么，专业负责人该如何在改进高职学校质量管理、加强专业内涵建设中有所作为呢？本书的回答是"运用文化领导，推动专业质量文化生成"，研究主题"高职专业负责人质量文化领导"由此产生。

研究主题明确后，通过文献检索发现，以高职学校专业建设及质量管理为对象的已有研究成果较为丰硕，但是有关高职学校质量文化研究的不多，以高职学校的专业为对象开展质量文化研究的极少，以高职专业负责人质量文化领导为主题的研究尚是空白。虽然有关高职教育管理和领导的研究成果对高职学校专业负责人在专业建设及质量文化培育中发挥领导作用具有很强的借鉴意义，但这些研究成果毕竟缺乏针对性，无法把握高职专业负责人群体的特殊性和专业质量文化培育的规律性，因此开展专题研究具有相当的重要性和紧迫性。正是基于以上考虑，笔者坚定了研究信心，决心在高职专业负责人质量文化领导研究主题上尽一己之力。

从当前教育研究发展趋势看，教育领导研究和教育质量文化研究受到越来越多的关注。从关注教育管理转到关注教育领导，是教育管理研究与教育管理实践变革发展的基本趋势，表明教育领导使教育管理变革走向了更高阶段。[1]教育质量文化建设对创新发展人类文化、推进人才培养质量提升、促进社会文明进步具有重要意义，相关研究备受重视。笔者认为，本书是置于教育领导研究

---

[1] 陈永明，等.教育领导学[M].北京：北京大学出版社,2010：19.

和教育质量文化研究两个较为宏大的研究领域下，以高职学校专业负责人为对象，以质量文化领导为切入点，展开相关理论建构及深入剖析的。这一研究既能在实践中推动专业负责人在质量文化培育乃至质量建设中发挥更好统领作用，帮助专业负责人更好履行角色职责，又能填补高职专业负责人质量文化领导研究空白，在高职学校专业建设、高职学校质量文化、高职学校内部治理、高职专业负责人培养等方面形成一定的理论成果，必将丰富与完善教育领导和教育质量文化理论。

第二节　研究目的与意义

一、研究目的

在高职教育高质量发展的时代背景下，质量文化培育与构建问题亟须得到更多关注、研究和实践，而高职专业负责人作为高职学校专业建设的"核心人物"，理应在质量文化培育与构建中发挥领导和推动作用。本书旨在以高职专业负责人为研究对象，明确专业负责人在高职专业质量文化构建中的角色定位，剖析高职专业负责人质量文化领导内在动因的前提下，重点研究专业负责人质量文化领导的内涵、特征、评价、影响因素等规律性认知问题，并进一步探讨专业负责人履行质量文化领导职责的优化和提升策略，为专业负责人质量文化领导发展实践提供可循路径。

二、研究意义

选择高等职业学校专业负责人质量文化领导作为研究课题，主要是基于对两个研究领域的关注与认同：一是质量文化研究；二是文化领导研究。本书意义体现在以下两方面。

（一）理论意义

本书的理论视角与研究路向有利于高职学校质量文化研究的多元化和明晰化，进而对教育领导理论和教育质量文化理论具有丰富和拓展作用。以分析高职学校专业建设及质量管理中存在的瓶颈问题为切入点，立足教育现代性理论视野反思并提出高职专业质量文化培育的重要性和紧迫性，并以高职学校专业负责人为对象，抓住这一群体质量文化领导改进和优化的理念与实践策略开展研究，填补高职专业负责人质量文化领导研究领域的空白。在高职学校专业建设、高职学校质量文化培育、高职学校内部治理、高职学校专业负责人培养等领域形成一定的理论成果，进一步拓展延伸开来，本书终将丰富与完善教育领导理论和教育质量文化理论。

（二）实践意义

实践性是理论研究的生命之源。本书起源于高职教育高质量发展背景下高等职业学校质量文化培育实践问题，具有较强的实践特性，源于实践并观照实践。首先，聚焦高职学校专业负责人作用发挥，分析专业负责人质量文化领导的现状、问题和影响因素，提出专业负责人质量文化领导改进与提升的基本策略，为专业负责人改进质量文化领导实践提供方法论指导。其次，本书的目的并不在于确定专业负责人"应当如何""应该具有""如何做好"的规范、要求和方法，而是尽可能基于专业负责人的立场，力求确立和彰显专业负责人在质量文化生成中的主体地位与主体价值，帮助专业负责人进一步认同身份，有助于激发专业负责人在质量文化领导实践中的行动自觉。

第三节 概念界定

一、专业负责人

专业作为体现高职学校办学实力、社会声誉、人才培养质量的基本标志，专业建设与管理在高职学校发展中居于核心地位，是众多高职学校日常工作的"重头戏"。专业建设没有实现高质量，提升高职人才培养质量就将是"纸上谈兵"。长期以来，我国高职学校一般由二级学院院长（或系主任）来承担二级教学单位的建设责任，但对专业建设来说，却没有十分明确的责任主体。随着高职学校专业门类不断拓展、学生规模不断扩大，以及对自身独特办学使命的认知不断深化，高职学校逐步将专业建设职责向基层下移落实到人，专业负责人制度应运而生，逐渐成为高职学校的基本制度。总体来说，截至目前，专业负责人制度已经在绝大多数高职学校"根深蒂固"，在激发基层创新活力方面，发挥了很好的功效。专业负责人制度的形成，有力体现了专业建设在高职学校内涵提升中的重要地位，也说明高职学校对专业建设的重要地位逐步认识到位。在专业建设重要地位得到认可和专业负责人制度形成过程中，专业负责人群体的培养与发展也同步得到更多的关注与投入。

虽然高职学校专业负责人制度逐渐成熟，但无论是理论研究还是实践运用，对"专业负责人"这一概念仍然缺乏清晰或者统一的认知。笔者通过调研发现，现实中，高职学校专业负责人队伍建设情况比较复杂，大致存在以下5种情况：（1）学校在全部或部分专业设置了专业负责人（称谓上也可能是"专业带头人"或"专业主任"等，下同），而且专业负责人"名副其实"，承担着专业建设的统领职责；（2）学校在全部或部分专业设置了专业负责人，但这种设置仅仅出于"荣誉"或"项目"等目的，专业负责人并没有实际承担专业建设统领职责；（3）学校没有设置专业负责人，但是按专业设置了教学研究室（教研室），由教研室主任承担专业建设统领职责；（4）学校对全部或部分专业既设置了专业负责人，又按专业设置了教学研究室（教研室），两者分工合作，专业建设统领职责由专业负责人实际承担；（5）学校中的部分专业设置了校级专业负责人（可能不止一位），但该专业还有省级专业负责人（可能不止一位），但真正承担专业建设统领职责的只是其中一位。

鉴于这些情况，为使研究对象更明确，进而确保获得比较可靠的研究结论，本书将在"专业"这一高职学校基层教学组织中，实质性承担专业建设统领职责的个体，界定为"专业负责人"。如果高职学校某一个体被称为专业负责人，甚至省级专业负责人，但在实际工作中并没有承担专业建设领导职责，那么他并不在研究对象之列。如果某一个体尽管在高职学校不被称为专业负责人，但是他如果实际肩负着专业建设统领职责，也在研究对象之列。依据这一概念界定来判断，在上面列举的五种情况中，第（1）、（3）、（4）、（5）种情况下的专业负责人、专业带头人、专业主任或教研室主任，在本书的研究对象范围之内。

二、质量文化

"质量文化"（Quality Culture）概念最早产生并应用于企业管理领域，概念形成之后许多学者对其内涵展开了深入研究，在实践运用中逐步从企业拓展到政府、军队、医院和教育等组织与领域，理论与实践研究成果颇为丰厚。有关质量文化概念及其内涵的研究很多，学界并未对之形成统一定义。关于"质量文化"概念的缘起及其内涵阐释的学理性成果，文献综述部分将详细阐述，在此先从三方面视角加以理解，再对之界定。

一是从广义和狭义的视角。广义的质量文化包括内隐的精神文化和外显的物质、行为、制度文化；狭义的质量文化则单指精神文化。如果选取广义理解，通常意义上，质量文化是指社会或组织中有关质量问题逐渐形成的比较稳固的、大多数成员比较一致认同的理念、行为准则、行动方式以及相应的物质环境等构成的文化现象。

二是从自然形成和主动建设的视角。任何社会只要进行生产和消费，就会出现产品质量问题，并围绕质量问题逐渐形成大多数成员相对一致认同的观念、态度、行为准则以及方式等等，也就是质量文化。因此，质量文化实际上可以分作两种类型：自然形成和主动建设。以企业质量文化为例，只要是企业，无论是制造产品还是提供服务，无论是出于自觉还是不自觉，都会有自己的质量文化。[①]也就是说，即使某家企业在进行生产或提供服务时，一开始从企业管理者到企业员工根本就缺乏比较清晰的质量文化培育意识，更加谈不上有目的、有计划、有规划地探索开展专门的质量文化培育实践，但绝不能认为这家企业就不会生成质量文化，不能认为这家企业就没有质量文化，只是这种情况下生成的质量文化是不自觉的，也就是自然形成的质量文化。但是，当企业管理者及企业员工有了明确且一致的质量文化培育意识，开始实施有目的、有计划、有规划的质量文化培育实践，对自然形成的质量文化加以改进、提升、完善，甚至彻底改变、重塑，就会形成主动建设的质量文化。企业质量文化分作自然形成和主动建设两种类型，而当质量文化概念延伸到其他领域之后，同样存在这种情况。也就是说，高职教育领域的质量文化，同样可以分作自然形成的和主动建设的。

三是从积极和消极的视角。质量文化最终会作用于质量活动及其结果。质量文化对质量活动的影响，有正有负，可能有益也有可能不利。根据质量文化对质量活动影响的性质，质量文化还可以被划分为两种类型：积极的和消极的。积极的质量文化有进取精神，不断创新，持续改进，组织成员对待质量的态度是"与我有关"，朝着实现质量目标的方向共同努力；消极的质量文化或满足现状或对质量漠不关心，组织成员对待质量的态度是掩饰或推脱责任。

根据研究主题，本书中的"质量文化"指的是广义的、主动建设的、积极的质量文化。本书最终聚焦的是高职专业质量文化，基于高职学校办学职能定位，依据质量文化的通常意义，将高职专业质量文化定义为：高职学校专业建设历程中自觉培育形成的，以提高人才培养质量为核心，以教育教学过程为主

---

① 李正权，孙磊．企业质量文化建设[M]．北京：中国标准出版社，2019:3.

线，具有专业特色的质量意识、理念、价值观、制度、形象、程序、环境等物化的、精神的、行为的诸要素的总和。

三、文化领导

汉语中的"领导"一词，相关的英语单词有lead、leader、leadership等。lead作动词，指领导活动；作名词，指领导行为。leader为名词，指领导人或领导者。leadership为名词，指领导行为，也可指领导力。本书中，根据语境，"领导"有时为动词，指"领导活动"（lead）；有时为名词，指"领导行为"（lead或leadership）。

"领导"是领导学研究的逻辑起点。但是，它的确是一个内涵很难提炼的概念。美国学者曾统计，"领导"的定义多达350余种。[①]但不管多么纷繁复杂，归纳起来，对"领导"内涵的界定主要集中在五个维度。第一个维度将"领导"视为一种行为，通过控制、导向、指挥等组织行为，或通过创造共同的文化和价值观，率领（鼓舞）部属实现组织目标；第二个维度将"领导"视为一种过程，率领部属信心满满地完成工作任务，努力实现团体目标；第三个维度将"领导"视为一种关系，体现领导者与被领导者之间的相互关系；第四个维度强调"领导"就是影响力，对部属施加积极影响并让部属自觉自愿、齐心协力地为实现组织目标而努力；第五个维度把"领导"看作一种能力，即率领部属共同实现团队目标的能力。[②]

以上五个维度是从不同研究背景及理论逻辑对"领导"内涵的界定，并无对错之分，每个维度的内涵界定也不是截然割裂的。需要强调的是，领导的传统意义往往是指具有一定职位的"领导者"的领导行为，但在现代治理理念下，具有领导行为的主体会拓展到组织中的每一个个体。基于以上阐述，考虑研究主题，本书将"领导"界定为具备一定能力的个体影响一个组织实现组织目标

---

① 孙健. 理解领导者权力的构成 [J]. 紫光阁 ,2012(3):75–76.
② 曹耀萍. 英语专业教师的文化影响力研究 [D]. 上海：华东师范大学 ,2015:23.

的行为。在这一定义中，隐含着有关领导的一些本质特征：领导是一种行为，领导发生于一定的组织结构之中，领导与组织目标的追求相关联，领导与职位、权力、权威有关但又不完全等同职位、权力、权威；领导靠的是影响力。

把握"领导"的内涵，还必须将之与"管理"（management 或 administration）的内涵相辨析。"管理"关注的是如何做事，强调正确地做事；"领导"则更关心为什么做事，强调做正确的事。两者既密切联系又相互区别。"管理"的原则在于确保组织稳定，而"领导"的原则重在思考战略意义并时刻准备迎接变革。

与"管理"不同，"领导"更多强调的是组织目标，认为组织发展以及组织目标是否达成，很大程度上依赖有效的领导。[1]现代领导理论创始人伯恩斯（James M. Burns）就提出，"领导"就是领导者及其团队成员为了达成组织目标所做的行为，组织目标折射着组织共同的价值观和动机（理想、需要、志向、期望等）。[2]利思伍德（Kenneth Leithwood）及其研究团队将方向设定、人员发展和组织重构明确为成功领导的核心内容。[3]

文化领导（Cultural Leadership）是领导行为模式之一，本书"文献综述"部分将对其内涵和相关研究观点作较为详细的阐述。根据领导及文化领导的相关研究成果，本书认为，文化领导是指具有一定能力的个体通过培育、创造和发展独具特色的组织文化，以此影响、感染、规范、引领团队成员，推动组织目标达成的领导行为。通常认为，领导者的"领导"，真正意义不在于提高管理效率，而在于发挥道德权威和文化力量，通过理想、信任、友情、关爱、信心、愿景等来感召、触动、激励、鼓舞组织成员。文化领导的核心在于通过价值进行领导，以柔性管理实现领导，形成文化共同体支持领导。[4]

---

① 吴志宏，等.新编教育管理学 [M].上海：华东师范大学出版社,2000:165.
② Burns, J. M. Leadership[M]. New York: Harper & Row, 1978: 19.
③ Leithwood, K., Louis, K. S., Andersen, S. , et al., K. How leadership influences student learning: Review of research[M]. Minneapolis: Center for Applied Research, University of Minnesota,2004:8.
④ 孙立樵.文化领导力的构架与提升 [J].党政论坛,2013(4):41–44.

四、质量文化领导

"质量文化领导"并不是一个单独概念，而是一个概念集合，用英文表达是 Quality Culture Leadership。就字面而论，对之往往有两种理解方式，一种是"质量的文化领导"，另一种是"质量文化的领导"。这两种理解方式下的内涵并非截然分离，在实际运用中恰恰是需要将两种方式融合起来理解。通俗地说，本书中的"质量文化领导"，实际指"运用文化领导的方式，领导质量文化的培育与生成"。那么，题目"高等职业学校专业负责人质量文化领导"表达的真实含义就是"高等职业学校专业负责人运用文化领导的方式，领导质量文化培育与生成"。前面已经对"质量文化""文化领导"等概念进行了分析界定，为理解"质量文化领导"的内涵打下了基础。简言之，"质量文化领导"就是指某一类人或群体，具有较强的质量文化意识和先进的质量观，运用文化领导的方式，采取直接或间接的领导策略和行动，最终营造出卓越的质量文化，实现质量目标。

理解"质量文化领导"，还需要将之与"质量文化管理"的内涵相辨析。两者既有区别又有联系。一般来说，质量文化领导属于质量文化管理的范畴，而质量文化领导在理念层面上又超越了质量文化管理。在实践层面，质量文化领导和质量文化管理之间并非截然对立，在质量文化领导中蕴含了质量文化管理的合理思想，但是在某些方面，质量文化领导的确超越了传统质量管理的局限。有关两者的区别如表 1-1 所示。

表 1-1　质量文化领导和质量文化管理的比较分析

比较项目	质量文化领导	质量文化管理
权力主体及权力运用	强调权力分享	强调权力集中
决策制定及实施	强调相关人员民主决策、共同实施	强调决策由管理者制定，以行政命令的方式自上而下推行
实施方式	虽然也包含制度、技术手段等，但更倾向于精神与理念	更多倾向于制度、技术等层面

续表

比较项目	质量文化领导	质量文化管理
沟通模式	注重多元化的内外沟通与交流	以纵向线性控制化及监管的科层式层级管理方式为主，横向沟通渠道较少
与绩效的关系	引导相关人员共同对过程及结果负责	因责任主体较模糊，容易导致彼此埋怨及责备

资料来源：陈永明，等.教育领导学[M].北京：北京大学出版社,2010.

尽管"质量文化领导"和"质量文化管理"之间的内涵存在差异，但实际上这两个概念之间也具有相当程度的重叠和交叉。"当领导者行使计划、组织、人事和控制职能时，他们就是在管理。当管理者从事影响一群人以达到预期目标的活动时，他们就是在领导。"①总体来说，"领导"和"管理"都是在引导一个团体或组织向着预定目标而前进。无论是在研究还是日常工作中，"领导者"和"管理者"、"领导"和"管理"都会被等同或交替使用，因此在没有特定内涵需要区分的情况下，"质量文化领导"和"质量文化管理"也常被等同或交替使用。当然，本书中更强调专业负责人在质量管理中实现理念层面的超越以及对传统质量管理局限的超越，所以本书更多选择使用"质量文化领导"。

第四节　文献综述

本书关注的核心问题是高职学校专业负责人质量文化领导的理论与实践，但是通过文献检索发现，虽然国内外关于教育领域质量文化和文化领导的研究成果不少，但尚未开展高职专业负责人实施质量文化领导方面的专题研究。为了更为全面地梳理和吸收国内外相关成果，本书从较为宏大的层面进行文献综述：一是关于质量文化及高校质量文化的研究；二是关于文化领导及学校文化领导的研究。

---

① 李森,张涛.教学领导的内涵、功能及策略化 [J].西南民族大学学报（人文社科版）,2006(3):85-90.

一、关于质量文化及高校质量文化的研究

（一）质量文化的概念缘起和内涵阐释

由于"质量文化"概念最初应用在企业管理领域，所以最早的质量文化概念其实是"企业质量文化"。研究一致认为文化对产品质量和企业成功具有一定影响，比如有研究者发现文化本身是影响产品质量和企业成功的重要因素[①]，有研究者发现文化在企业变革或重大管理举措中表现的作用更加明显[②]，有研究者发现人们对企业文化持有 4 种观点：学习积累（learned entity）、信念体系（belief system）、战略（strategy）和思维方式（mental programming）[③]。

一般认为质量文化概念来源于"质量之父"美国学者朱兰（Joseph M. Juran）的现代质量管理理论。他在 1951 年出版了《质量控制手册》，提出："质量文化是人们与质量有关的习惯、信念和行为模式，是一种思维的背景。"[④]之后，人们对其内涵展开了深入研究。

对质量文化内涵的深入研究，前提是基于对"质量"与"文化"两个概念的认识与理解。"质量"是全世界的共同语言，对其理解主要从主观性和客观性两个视角切入：主观性视角认为产品和服务要能够满足顾客的期望，质量的内涵顺应顾客期望值的改变而改变；客观性视角认为产品和服务的特性要能够符合给定的规格要求，因而才有可能对质量实施科学管理。追溯企业质量概念变迁的历史，对质量的认识大致分为 5 个阶段：质量是检验出来的，质量是制造出来的，质量是设计出来的，质量是管理出来的，质量是文化的结晶。[⑤]从中可

① Detert, J.R., Schroeder, R.G. & Maiiriel, J.J. A Framework for Linking Culture and Improvement Initiatives in Organizations [J]. Academy of Management Review,2000,25(4):850−863.

② Martin, T.N.,Huq, Z. Realigning Top Management's Strategic Change Actions for ERP Implementation: How Specializing on Just Cultural and Environmental Contextual Factors Could Improve Success[J]. Journal of Change Management,2007,7(2):121−142.

③ Maull, R.P.Brown & R, Cliffe. Organizational Culture and Quality Improvement[J]. International Journal of Operations & Production Management,2001,21(3):302−328.

④ [美] 约瑟夫·M. 朱兰，A. 布兰顿·戈弗雷，等. 朱兰质量手册 [M].5 版. 焦权斌，等译. 北京：中国人民大学出版社,2003:724.

⑤ 刘海涛. 我国高等教育质量研究的方法论思考 [J]. 教育与考试,2017(11):83−86.

以看出，对质量的认识，最终与文化关联，把文化看作是质量的终极目标。对质量的定义很难达成一致，比较有代表性的是 ISO 9000 体系将之定义为"产品固有特性满足要求的程度"①。关于教育质量，《教育大词典》给出的定义是"对教育水平高低和效果优劣的评价；最终体现在培养对象质量上"②。不过，教育质量被公认为是模糊的概念，比如有学者认为，高等教育质量是一个"灰色系统"③，因为它不同于产品质量和服务质量，无法制定准确计量、整齐划一的质量标准。

"文化"是社会现象，也是历史范畴，每个社会、组织、群体在长期实践中都会积淀和形成与之相适应的文化。关于"文化"，学者从历史学、社会学、人类学、心理学、哲学的角度提出不同的解说。比如，价值论的文化定义认为"价值是文化对象所固有的……如果把价值和文化对象分开，那么文化对象也就会因此而变成纯粹的自然了"；符号学的文化定义认为"人是'符号的动物'，文化作为人的符号活动的'产品'成为人的所有物，而人本身作为他自身符号活动的'结果'则成为文化的主人；文化无非符号活动的现实化和具体化"；功能性的文化定义认为文化是人类生活的手段、工具，生活是文化的主体；规范性的文化定义认为文化是生活方式的整体，包括意识、价值、规范及此三者的互动和关联。④就一般意义而言，"文化"的内涵常有广义和狭义之分，广义涵盖了人类物质财富与精神财富的总和，狭义侧重精神创造活动及结果。"文化是一个十分复杂的概念，也是一个复合性、综合性的概念"⑤，文化的定义"百花齐放"，据统计，古今中外超过 500 种⑥。

"质量"和"文化"都具有非实物性，由这两个概念组合而成的"质量文

---

① 王岩丰，赵宏春，李宣庆，等.简析企业质量文化的三元模型 [J]. 中国标准化,2013(12):68-74.
② 张应强.高等教育质量建设：创新体制机制与培育质量文化 [J]. 江苏高教,2017(1):1-6.
③ 灰色系统是介于白色系统和黑色系统之间的一种系统，特指那些人对系统的结构和功能有一定的了解和认识，但还没有完全认识和搞清楚的那类事物和系统。灰色系统广泛存在，是系统论研究的主要对象。引自张应强.高等教育质量建设：创新体制机制与培育质量文化 [J]. 江苏高教,2017(1):1-6.
④ 郭齐勇.文化学概论 [M].武汉：武汉大学出版社,2014:7-8.
⑤ 周建松.双高建设中的文化存在及其路径研究 [J]. 中国职业技术教育,2020(15):10-15.
⑥ 李素芹，胡惠玲.大学文化：概念群及建设方略 [J]. 扬州大学学报 (高教研究版),2016(10):3-7.

化",虽然绝不是概念拼凑或简单相加,但是仍然保持非实物性。同时,"质量"内涵的模糊、"文化"内涵的多义,进而导致"质量文化"内涵的复杂,无法形成统一定义。文献检索发现,学者们对质量文化的要素、层次和形态作了多方面的研究与探索,有助于我们加深对质量文化内涵的理解。(1)要素观。"三要素说"将质量文化分为物质文化、制度文化和精神文化;"四要素说"则在三要素之外又加上了行为文化。(2)层次观。与要素观相对应,"三层次说"认为质量文化的结构特征由物质层、制度层、行为层构成;"四层次说"则又加上精神层,共同构成质量文化金字塔。物质层是其基础条件和外显部分;制度层是其固化部分,具有可操作性和系统性;行为层既受制度层的引导又受物质层的制约;精神层是其核心内容、最高境界和精髓部分,最为稳定也最具影响力。(3)形态观。将质量文化既看作是一种行为方式、管理模式和运行机制,也看作是一种精神文化、发展理念和团队意识;可以划分为内隐(观念或心理)和外显(物质、制度和行为)两种形态。

(二)国内外高校质量文化研究概况

1.国外研究

检索到的国外相关文献主要集中在欧洲高校质量文化研究领域。在欧洲高等教育发展史上,20世纪八九十年代被称为"质量时代",推进高校内部质量保障成为核心战略,加强质量文化培育是其中的有力举措。2002年至2006年,欧洲大学联合会(European Universities Association)实施了"质量文化项目",面向40个国家近300所高校开展三轮调研,主要从质量战略、质量结构、内部评价程序及反馈路径等方面探讨高校质量文化建设。该"质量文化项目"课题组认为,质量文化是一种永久提升质量的组织文化,由两部分组成:一是面向质量的文化或心理层面一致认可的价值观、信仰、期望和承诺;二是具有清晰过程的结构或管理成分,旨在提升质量和协调个体的努力。[①]质量文化是教育

---

① 杜云英.高等教育质量管理新进展:质量文化研究[J].河北师范大学学报(教育科学版),2012(3):17-20.

教学实践中以质量为目标的价值认同和履行质量承诺的行为表征的统一，是保障教育质量技术层面的可操作性和文化层面可认知性的统一。①

欧洲高校质量文化研究经历了由产出质量观到过程质量观的转变。"质量文化项目"课题组阐述了欧洲高校质量文化的三方面生成要素：结构要素包括质量保障部门、质量委员会、教师发展机构等；过程要素包括质量规划、质量评估、质量项目等；行动者要素包括内部、外部利益相关者。②同时针对高校如何培育质量文化，提出要坚持 8 项较为具体的"优秀原则"：提高教师对学校的认同感，增强学生的参与意识，加强内部沟通并赋予师生权利，促进评估标准和程序一致化，系统地定义、收集和分析关键数据，吸纳师生及家长适当参与，自我评估，研究评估结果及跟踪和改进。③

哈唯和纳艾（Harvey, L.& Knight, P.）认为，高校质量文化培育有 5 个重要元素：提高质量应被视为一个转变过程，而非结果；决议应自下而上制定；对外开放，并对外界反应迅速；重视措施的有效性；反应敏感的外部监督机制。④

有学者专门研究了英国大学质量文化。在继承大学传统与适应社会发展现实需要的基础上，21 世纪英国大学教育质量保障确立了质量文化建设的新思路，并以学生参与作为提升教育质量的新手段，以内部保障为主，以外部保障为辅，作为大学教育质量保障推进的新路径。这位学者还认为"质量文化"是英国大学教育质量保障的新理念，他分析了英国大学院校层面的质量文化和个体层面的质量文化，并指出英国大学形成了特有的质量文化建设模式——"苏格兰模式"。⑤

有学者专门研究了挪威高等教育质量文化，认为挪威高等教育质量文化建

① European University Association.Developing an Internal Quality Culture in European Universities: Report on the Quality Culture Project 2002−2003[R]. Brussels:European University Association,2005:6,8,17−25.
② European University Association. Developing an Internal Quality Culture in European Universities: Report on the Quality Culture Project 2002−2003[R]. Brussels:European University Association,2005:6,8,17−25.
③ European University Association. Developing an Internal Quality Culture in European Universities: Report on the Quality Culture Project 2002−2003[R]. Brussels:European University Association,2005:6,8,17−25.
④ Harvey, L., Knight, P.Transforming Higher Education [M].Buckingham: Open University Press,1996:116.
⑤ 王保星.质量文化与学生参与：新世纪十年英国大学教育质量保障的新思维 [J]. 杭州师范大学学报（社会科学版）,2012(1):118−123.

设面临高校学业完成度"失位"、高校教学与科研职能"失衡"、学生学习状态与方法"失范"的挑战，提出了保障学生拥有良好的学习经历、提供良好的教学环境、促进教师正确定位价值观、加强学术环境管理、构建导向教育质量的内部管理机制等目标和举措，得出了树立建设高等教育质量文化的理念、建设高等教育质量文化应以学生为中心、均衡高等教育职能定位、推进通识教育的改革发展、完善评估评审机制建设等启示。①

总之，"质量文化"成为高等教育质量提升战略的灵魂，质量文化建设的重要性日益为人们所认识。联合国教科文组织（The United Nations Educational, Scientific and Cultural Organization）在 2009 年第二届世界高等教育大会上倡议"培育质量文化"，呼吁高等教育质量保障要注入新的理念与精神，增添文化色彩。世界经合组织（Organization for Economic Co-operation and Development）专设"教学质量提升"项目，并将"增强全员重视教学质量提升的意识和文化"摆在质量框架的第一条。②欧洲大学联合会继 2002—2006 年实施"质量文化项目"之后，又于 2009—2012 年进行了"质量文化检查"，旨在强化高校内部的质量文化建设，形成一种以持续提高质量为目标的文化，把提高教育质量作为大学的共同价值追求和自觉行动。③英国高等教育质量保障署强调"高等教育质量保障的责任必须落实到院校自身"，并特别设立了"质量文化"这一评价标准，形成了一种"内源性"教学质量保障体系。④

2.国内研究

为掌握国内高校质量文化研究概况，本书进行可视化分析，绘制了知识图谱。在中国知网（CNKI）上，以"篇名"为检索途径，以"质量文化"分别加上"高等教育""高等职业教育""大学""高校""高职""职业院校"，构成 6

---

① 冯惠敏,郭洪瑞,黄明东.挪威推进高等教育质量文化建设的举措及其启示 [J].高等教育研究,2018(2):102–109.

② 教育部高等教育教学评估中心.中国高等教育质量报告（2014 年度）[R].北京：教育科学出版社,2016:141–142.

③ 张应强.高等教育质量建设：创新体制机制与培育质量文化 [J].江苏高教,2017(1):1–6.

④ 教育部高等教育教学评估中心.中国高等教育质量报告（2014 年度）[R].北京：教育科学出版社,2016:141–142.

组检索词，对检索结果数据清洗后，共获得相关论文 186 篇（检索日期：2020 年 10 月 26 日）。

通过图 1-1 可知，以高校质量文化为主题的研究论文最早出现在 2000 年，之后就始终有人关注并开展相关研究，除 2005 年外，每年都有相关论文发表。共获得相关论文 186 篇，说明 20 年时间里发文总数偏少。从年度论文发表数量看，高校质量文化研究大致分为两个阶段：2000—2006 年为萌芽阶段，大部分年份每年 1—2 篇，研究比较零散，没有形成规模；2007—2020 年为起步阶段，发文数量明显增多，平均每年 10 篇左右，最多一年 23 篇，关注度逐步提高，研究规模逐步壮大，而且基本保持平稳。

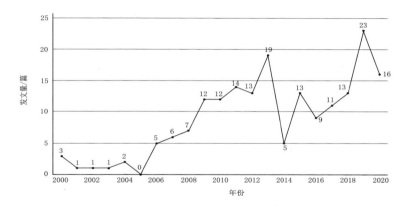

图 1-1 高校质量文化研究论文年度分布

在知识图谱中，通常采用分析某一领域内使用频度较高的关键词共现来表征该领域的研究现状。首先，本书采用了作者关键词共现（见图 1-2），从知识图谱中可见，绝大多数作者只发表过 1 篇相关论文，发文 2 篇的有 12 位，发文 3 篇的最少，仅有 1 位，从中反映了研究者不能对高校质量文化持续关注，基本上是围绕某一感触即兴展开，形成成果后就终止关注。这种现象最终导致研究深度的不足，不利于持续提高我国高校质量文化研究水平。

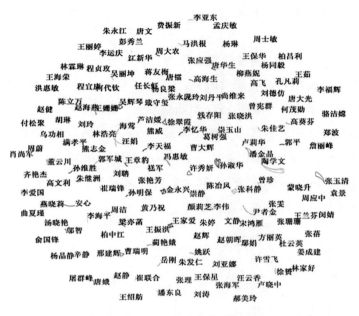

图 1-2　高校质量文化研究作者关键词共现知识图谱

其次，本书采用了主题关键词共现。从知识图谱（见图 1-3）可见，在所发表的论文中，使用频度最高的关键词有 33 个。最高的是"质量文化"，31.15% 的论文都以此为关键词，接着是"高职院校"（7.54%）、"教育质量"（6.23%）、"高等职业院校"（5.25%）、"文化建设"（3.61%）、"高等教育质量"（3.61%）、"高校质量"（2.95%）、"教学质量"（2.62%），等等。从关键词使用频度可以看出，研究大多是围绕"质量""文化""教育""教学"，再加上"高校""高职学校"等展开，选题非常接近，不过也出现了"思维形式""教职工""物质层"等主题，说明不同视角的研究也在开展。

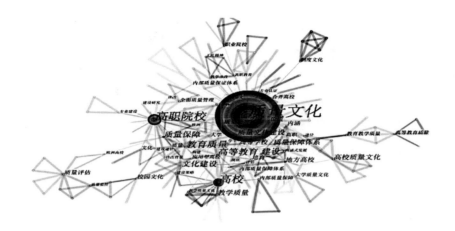

图 1-3 高校质量文化研究主题关键词共现知识图谱

可视化分析之后，笔者研读了所检索到的论文。从 21 世纪初期开始，我国高等教育领域对高校质量文化理论与实践做了开拓性研究与本土化探索，研究成果主要集中在以下 5 个方面。

第一，高校质量文化建设的必要性研究。这方面的研究论述比较多，比较有代表性的是有学者从作为意识形态的、作为技术的、作为权力的三种意义或者三个层面对高等教育质量保障进行批判性解读，并提出超越传统的高等教育质量保障弊端的路径，认为形成一种全社会范围内的整体性质量文化才是从根本上提高高等教育质量的最佳选择。[1] 这位学者在另一篇文献中指出，我国高等教育质量建设既要创新体制机制，让市场竞争机制在质量建设中发挥决定性作用，又要着力建设高等教育质量文化，从质量问责走向质量合作，形成各利益相关者之间基于信任的高等教育质量治理体系。[2] 有学者将质量文化培育与生成作为高职学校高水平建设的核心路径，认为成熟的质量文化是高职学校实现"高质量"人才培养目标的前提条件，质量文化特色是"特色化"办学的核心要义，质量文化培育本身是凝心聚力谋求"发展性"的重要内容。[3]

① 张应强, 苏永建 . 高等教育质量保障 : 反思、批判与变革 [J]. 教育研究 ,2014(5):19-27,49.
② 张应强 . 高等教育质量建设 : 创新体制机制与培育质量文化 [J]. 江苏高教 ,2017(1):1-6.
③ 周应中 . 质量文化培育与生成 : 高职学校高水平建设的核心路径 [J]. 中国高教研究 ,2020(3):98-101.

第二，高校质量文化的本体论研究。一是关于高校质量文化的内涵与外延。从静态视角认为质量文化就是高校在教育教学中长期积淀而成的质量意识、价值观念、行为规范、思维模式等的总和；从动态视角认为质量文化是以教学质量为中心，基于物质文化基础建立起来的一切精神活动、行为以及产品的总称。[①] 从横向视角提出高校质量文化是隐性管理文化、实践文化和群体性文化；从纵向视角提出高校质量文化包括较浅层面的物质文化和行为文化、较深层面的制度文化和精神文化。[②] 二是关于高校质量文化的特征与功能。高校质量文化具有形式文化性、内容综合性、基础一致性、功能整合性、形成自觉性等特征[③]；高校质量文化具有凝聚、规约、促进、反馈等功能[④]；在"质量问责和质量提升"两大取向相通的情形之下，质量文化对高等教育质量保障至少或同时发挥导向、激励、凝聚、调控、辐射等作用[⑤]。

第三，高校质量文化建设的误区和困境研究。我国高校质量文化建设存在片面化（对高等教育质量观、质量文化建设主体、建设性质等认识有偏差）、形式化（质量目标、质量规划、质量组织等存在形式主义）、功利化（"拿来主义"、重显性轻隐性、非连续性等）、割裂化（质量文化不同层面分离、不同环节脱节、与文化建设隔离等）[⑥]；当前我国大学质量文化具有控制性表征，质量文化控制着大学的自主性、完整性、创造性[⑦]；高职学校质量文化培育存在现实局限，即价值导向偏重"绩效本位"、培育手段倚重技术化、效果呈现侧重显性要素[⑧]；当前高校质量文化研究存在两个偏差，即照搬企业质量文化研究，将"质量管理文化"与"质量文化"相混淆[⑨]。

第四，高校质量文化建设策略研究。一是主要形成了两种建设思路：一种

① 李海平. 近十年来高职学校质量文化研究新进展 [J]. 太原城市职业技术学院学报,2019(6):1-3.
② 王丽婷. 高职学校质量文化的内涵与构建 [J]. 济南职业学院学报,2013(5):15-16,24.
③ 龙雯雯. 高等学校质量文化建设策略研究 [D]. 武汉：中南民族大学,2012:3.
④ 王丽婷. 高职学校质量文化的内涵与构建 [J]. 济南职业学院学报,2013(5):15-16,24.
⑤ 王亚鹏. 高职学校内部质量保障体系建设的内生性：超越"问责制"逻辑 [J]. 职业技术教育,2018(25):12-17.
⑥ 罗儒国,王姗姗. 高校质量文化建设的误区与出路 [J]. 现代教育管理,2013(10):30-36.
⑦ 陈丽,孟凡丽. 论质量文化的控制性及其消解 [J]. 江苏高教,2017(7):9-13.
⑧ 周应中. 质量文化培育与生成：高职学校高水平建设的核心路径 [J]. 中国高教研究,2020(3):98-101.
⑨ 傅根生,唐娥. 高校质量文化研究：问题与思考 [J]. 国家教育行政学院学报,2009(11):15-18.

思路与高校质量文化内涵相对应，大多从物质文化、制度文化、精神文化和行为文化等角度阐述建设策略；另一种思路与建设过程相对应，大多从明确质量目标、强化质量意识、塑造质量文化氛围、完善质量管理制度体系等方面阐述建设策略。二是提出了一些建设原则。比如，领导推动、全员参与、循序渐进、突出特色、以人为本、继承与创新等基本原则。①三是提出了一些建设保障。比如，地方高校质量文化建设的四大保障，即组织保障、评估保障、研究保障、经费保障。②四是基于其他视角开展高校质量文化建设研究。比如，立足ISO9000质量认证体系视角，通过提炼核心价值观念、制度化、加强宣传和传播，建立与高职学校管理体制相适应的质量文化。③再如，以文化生态学为理论基础，运用结构简图勾勒出高校质量文化建设的环境和地位，提出高校质量文化建设的改进建议。④其他还有从"互联网+"背景、协同创新视域、科学发展观、利益相关者理论、文化管理视域、"双高计划"建设背景、教学诊断与改进工作背景等开展高校（高职学校）质量文化研究。

第五，质量文化建设与高校其他事项（要素）的关联研究。一是以质量文化为视角剖析高校中其他事项。比如，有研究从质量文化角度强调高职学校教育质量工程建设具有重要意义，并阐述了高职学校教学质量保障与监控体系的运行结构框架、运行手段等。⑤也有研究以江苏省为个案，以强化省级统筹和质量文化建设为背景，归纳构建出"两纵两横"高职教育质量监测体系，并提出质量衡量力度由学校向学生转变、运作模式由闭环向开源转变、监测定位由事后记录向总结指导转变、诚信体系由不做要求向明确约束转变等改进策略⑥。二是关注高校质量文化与学校中其他要素的关系。比如，高职学校质量文化构

① 唐大光.高校质量文化及其培育研究[J].国家教育行政学院学报,2009(5):23-27.
② 邓黎颜.地方高校质量文化建设学理分析[J].西昌学院学报(社会科学版),2020(12):103-106.
③ 王家爱,贺志强,刘明,等.基于ISO9000族标准的高职学校的质量文化建设[J].石家庄职业技术学院学报,2009(6):25-28.
④ 高海生,王森.论文化生态学视野下的高校质量文化建设[J].国家教育行政学院学报,2013(7):15-18.
⑤ 岳刚,陈明蔚.质量文化视阈下的高职学校教学质量保障体系研究[J].天津职业院校联合学报,2017(11):53-57.
⑥ 刘任熊,陈海艳,尚维来.质量文化与省级统筹:构建高等职业教育质量监测体系的路径与策略——基于江苏省构建"两纵两横"质量监测体系案例分析[J].中国职业技术教育,2018(3):53-58,93.

建要基于人才市场需求和社会变革,"合作"品质提升则融会贯通于人才培养各环节、教育教学全过程,校企双方应开展目标合作、模式合作、组织合作、师资合作、质量设计合作、实践合作、精神合作。[1]再如,质量文化是高等教育大众化阶段大学文化的重要组成部分,质量理念化、理念制度化、制度文化化是提高大学质量文化建设水平的有效途径。[2]其他还有质量文化与高等教育内涵式发展、与大学图书馆建设、与大学校长领导力提升、与教育质量品牌战略等相互关系的研究。

(三)对高校质量文化已有研究的评述

高校质量文化是一个理论课题,也是一个实践命题,国内相关研究已经比较全面,涉猎较广,并有一些成果产生,为本书奠定了良好的基础。但是通过文献检索及可视化分析发现,这一研究总体来说仍然处于起步阶段,存在着诸多不足,留下了较大的研究空间。

不足之处之一:秉持本质主义的认识路线,偏重高校质量文化共同价值的本体性构建,对中国特色高校质量文化模式构建缺乏足够的重视和研究。笔者随机统计了检索到的其中20篇期刊论文,几乎每一篇都想开展全面研究,从概念分析、功能阐述到建设措施,面面俱到,原创性成果较少,浅层次重复引用较多。对质量文化进行理想主义的价值构建当然是有价值的,但是如果不能立足我国高校质量文化建设中的实际问题进行深入剖析,容易导致空泛化、概念化。

不足之处之二:存在借鉴化用企业质量文化研究成果的痕迹,对高校个性和特色的关注不足。作为一个从企业管理研究领域移植过来的概念,高校质量文化研究始终缺少自己主导的研究体系与范式,这给深入研究造成了一定的障碍。而且已有研究基本为理论研究,缺乏高校实践案例的支撑,对高校个性和特色的把握欠佳。尤其是基于高校特色的教育质量观研究不多,对质量观与质

① 肖尚军.高职学校质量文化的构建与"合作"品质的提升 [J].现代教育管理,2010(4):95-97.
② 俞国锋.质量文化:地方高校大学文化建设的重点 [J].安徽工业大学学报(社会科学版),2013(1):123-124,137.

量文化生成之间的内在关系与实践路径，未见较为系统的理论构建。

不足之处之三：针对高职学校开展的质量文化研究虽然有一些，但数量相比于普通高等学校，差距较大，这与职业教育作为类型教育的特征并不相符。笔者曾粗略统计前面提到的按照相关条件检索到的 2000 年以来 186 篇期刊论文，专门针对高职学校开展的研究数不足 1/5，其他基本都是以普通高等学校为对象开展的研究。

不足之处之四：对质量文化建设主体在高校质量文化建设中的行动研究关注匮乏。在 186 篇论文中，仅有 4 篇论文分别关注了质量文化建设中的教师、学生、校长，对他们的主动参与、主体作用或质量文化领导力提升等内容进行了阐释。总体来看，对高校中某一类群体在质量文化培育中的角色定位和作用发挥等方面的研究极少，就高职学校来说，针对专业负责人质量文化培育中的角色定位和作用发挥方面的研究尚无。

二、关于文化领导及学校文化领导的研究

（一）文化领导研究概况

对"领导"的研究可以追溯到几个世纪之前，进入 20 世纪后，领导研究开始盛行，领导学从管理学科中分化出来并逐渐兴起，发展成为一门社会性、应用性、综合性、科学性、交叉性相当强的独立学科。

回溯国外领导理论发展，学界往往将之分为 4 个阶段：特质取向（trait approach）、领导方式取向（style approach）、权变取向（contingency approach）、当代较有影响的新取向（new approach）。[①]特质取向理论阶段，认为个性特质决定领导。能够成为领导者的人，是因为个性特质不同于非领导者。领导方式取向理论阶段，认为不同的领导行为和风格会导致不同的领导效能。权变取向理论阶段，认为领导成效不仅受到领导者个人特质和行为方式的影响，更

---

① 陈永明，等．教育领导学 [M]．北京：北京大学出版社，2010:59.

取决于领导行为所处环境和被领导者特点的影响。新取向理论阶段，受世界经济快速发展和文化多元发展趋势影响，产生了转化式领导（transformational leadership）、魅力型领导（charismatic leadership）、道德领导（moral leadership）、分布式领导（distributed leadership）等相当数量的领导理论主张，强调领导者行为象征性，激发追随者工作动机，提升组织参与度。虽然这些新取向领导理论名称各异，研究侧重点不同，但是主要观点基本一致，都超越了从特质、行为和情境等维度阐述领导过程与成效的传统交易型领导理论不可避免的局限，而从象征和情感层面建构与剖析领导过程，关注组织文化转变和领导者的有效领导。①

　　本书检索了国外领导理论相关文献资料，对 4 个阶段领导理论的基本取向、核心主题、代表人物及主要观点进行梳理，大致廓清国外领导理论发展脉络。如表 1–2 所示。

表 1–2　国外领导理论发展脉络一览

时间	取向	核心主题	代表人物及主要观点
20 世纪 30—50 年代	特质取向	领导能力是天生的	（1）斯托格迪尔（R.M.Stogdill）：领导者具有五大类 20 多个方面的个人因素和品质，包括能力、成就、责任心、参与能力、地位、资历等。[1] （2）加德纳（Howard Gardner）：领导者应该有德性、勇于开拓创新、有坚强人格、有全局意识和整体观念、善于反思、对人宽容、虚心向他人学习等。[2] （3）杜伯林（Andrew J. DuBrin）：有效领导者应该具备自信、谦虚、诚实、外向、果断、情绪稳定、有人情味、幽默、顽强等特质。[3] （4）麦博（Hay Mcber）：有效能校长具有 17 项特质。[4]

---

① 　文茂伟 . 西方新领导理论：兴起、发展与趋向 [J]. 社会科学 ,2007(7):98–111.

续表

时间	取向	核心主题	代表人物及主要观点
20 世纪 40 年代后期至 60 年代中期	领导方式取向	领导效能与领导者如何作为有关	（1）利克特（Rensis Likert）：4 种领导类型，包括专权式专制领导、仁慈式专制领导、协商式领导、参与式领导。[5] （2）俄亥俄州立大学团队："领导两维论"（结构维度和关怀维度）和"领导行为四分图"（低结构高关怀、高结构高关怀、高结构低关怀、低结构低关怀）。[6] （3）布莱克和穆顿（R.R.Blake & J.S. Mouton）：管理方格（managerial grid）理论，共生成五大类 81 种领导行为方式。[7] （4）三隅二不二（日本学者）团队：PM 理论（达成组织目标的绩效和组织维系机能），领导者构成四种典型情况（PM 型、pm 型、Pm 型、pM 型）。[8]
20 世纪 60 年代至 80 年代早期	权变取向	视情境而定，领导效能受到情境影响	（1）费德勒（Fiedler）："权变领导模式"。[9] （2）赫塞和布兰查德（Paul Hersey & Kenneth H. Blanchard）："情境理论"。[10] （3）豪斯（Robert J. House）：路径—目标领导理论。[11]
20 世纪 80 年代至今	新取向	领导者需要愿景，需要变革模式	（1）伯恩斯（J.M. Burns）："转化式领导"。[12] （2）萨乔万尼（T.J. Sergiovanni）："道德领导"。[13] （3）韦伯（Max Weber）："魅力型领导"。[14] （4）斯皮兰（James P. Spillance）："分布式领导"。[15]

注：1.吴志宏.教育行政学[M].北京：人民教育出版社,2000：126-127；2.陈永明，等.教育领导学[M].北京：北京大学出版社,2010：60；3. 陈永明，等.教育领导学[M].北京：北京大学出版社,2010：60；4.林明地.学校领导：理念与校长专业生涯[M].北京：九州出版社,2006：39；5.吴志宏.教育行政学[M].北京：人民教育出版社,2000：128-129；6. 吴志宏.教育行政学[M].北京：人民教育出版社,2000：130；7.[美]布莱克,穆顿.新管理方格[M]. 孔令济，徐吉贵，译. 北京：中国社会科学出版社,1988：14-17；8.吴志宏.教育行政学[M].北京：人民教育出版社,2000：133-134；9.[美]罗宾斯,贾奇.组织行为学 [M].12 版. 李原,孙敏健,译.北京：中国人民大学出版社,2008：347；10. [美]罗宾斯,贾奇.组织行为学 [M].12 版. 李原,孙敏健，译.北京：中国人民大学出版社,2008：349；11. [美]罗宾斯,贾奇.组织行为学 [M].12 版. 李原,孙敏健，译.北京：中国人民大学出版社,2008：351；12.[美]伯恩斯.领袖[M]. 常健,孙海云,等译.北京：中国人民出版社,2006：16-17；13.从春侠.萨乔万尼道德领导理论述评[J].国家教育行政学院学报,2009(4)：90-95；14.[美]阿川，等.卓越领导力：理论、应用与技能开发 [M].4 版. 郑晓明，等译. 北京：清华大学出版社, 2010：302；15.冯大鸣.美、英、澳教育管理前沿图景[M].北京：教育科学出版社,2004：75-76.

文化领导是新领导理论之一，最早是特赖斯（H. M. Trice）等于 1991 年提出来的。[1]特赖斯等人认为文化领导主要包括 5 项内容：率先垂范、建立成功及胜任的印象、清晰表达理念、向下属传递高期望和信心、激励下属[2]，但是他们没有明确定义文化领导。此后，拜尔（J. M. Beyer）将之定义为"领导者对组织成员共享的理念体系及其文化载体的影响力"[3]。

文化领导理论主要建基于组织文化与领导之间关系的研究。在领导理论发展过程中，领导者对组织文化的重要影响及其影响途径等问题逐渐引起学界的广泛关注，并深入开展研究，形成和丰富了文化领导方面的研究成果。埃德加·沙因（E. H. Schein）是研究组织文化与领导之间关系的大师，他总结提出的领导者深植组织文化的 6 个主要机制和 6 个次要机制迄今仍然是最为全面的研究成果。[4]6 个主要机制包括：领导者日常注意、评价、控制什么，领导者对关键事件和危机事件如何反应，领导者如何分配资源，领导者如何率先垂范和教育员工，领导者如何分配奖励和地位，领导者如何招募、选拔、开除人员；6 个次要的机制包括：组织设计和结构，组织制度和程序，组织典礼和仪式，物理空间、外观和建筑物的设计，重要事件和重要人物的故事，组织哲学、信条和章程的正式声明。但是，沙因只是建构了领导者深植信念、价值观和假设的机制，解释了领导者影响组织文化的途径，并没有阐明领导者具体的行为表现。也就是说，这些作用机制主要回答了"是什么"（What）的问题，而没有回答"怎么样"（How）的问题。当然后来也陆续出现一些围绕领导者创造或改变组织文化的具体方式的看法或观点，但是还远远没有形成较为完整的理论体系。

领导与组织文化之间紧密相连、不可分割，因此每种领导理论必然和组织文化相关。比如，领导归因理论、处理型与变革型领导理论、超越型领导理论、领导魅力理论、领导伦理理论、服务型领导理论、愿景领导理论等等，都涉及

① Trice, H. M. & Beyer, J. M.Cultural Leadership in Organizations[J]. Organization Science,1991,2(2):149−170.

② Trice, H . M. & Beyer, J. M.The Cultures of Work Organizations[M]. Englewood Cliffs: Prentice−Hall,1993:69.

③ Beyer, J. M. & Browning, L. D.Transforming and Industry in Crisis: Charisma, Routinization, and Supportive Cultural Leadership[J]. The Leadership Quarterly,1999,10(3):483−520.

④ Schein, E. H. Organizational Culture and Leadership[M]. San Francisco: Jossey Bass,2004:8.

领导与组织文化的相关性，只是相关程度有强有弱，一般因理论出发点不同而相关程度不同。这些理论的相通之处是重视激发组织成员的内在动机来提升整个组织的凝聚力和战斗力。相关的实证研究结果和理论阐释都表明，这些领导理论中提倡、推崇的领导行为、风格和特征，对组织承诺、集体认同、使命感、意义感、身份感、内部动机、团队凝聚力都发挥着较为显著的正向影响，而很明显这些正向影响最终的指向都是提高组织员工对组织文化的认同度，在很大程度上决定着组织文化建设的效果。这些领导理论设计与建构的领导行为和特征，都与文化领导概念比较相关。但是，它们并不能够完全等同或代替文化领导，它们和文化领导在目标内涵、直接影响对象等方面存在区别。

目标内涵上存在差异。组织成员对组织文化的认同和内化是实施文化领导的直接目标与结果，其他领导理论都不以此为直接目标，虽然其中部分内容也能够得到这一结果。比如，变革型领导旨在让组织成员意识到所承担任务的重要意义，激发成员的高层次需要，建立互相信任的氛围，这个目标的内涵很宽泛；再如，基于价值观的领导和愿景领导，旨在让员工认同组织的价值观或愿景，其内涵又偏窄。其他领导理论的目标对组织文化的聚焦度就更低了。

直接影响对象不同。文化理念和文化载体是文化领导的直接影响对象，其中文化载体既包括组织成员，也包括制度、活动等，文化领导对组织成员既有直接影响也有间接影响。其他领导理论所提出的行为和特征大部分都是直接影响组织成员，有些领导理论中虽然也有通过价值观和愿景或目标间接影响组织成员的内容，但都没有影响文化载体的内容。①

（二）学校文化领导研究概况

在教育领域最先开展"文化领导"研究的是萨乔万尼，他认为"领导"至少是技术力、人际力、教育力、象征力、文化力五方面力量的组合；文化领导作为一个重要的学校领导概念由此产生，和象征力一起被看作推动学校不断迈

---

① 曲庆，富萍萍，康飞，等. 文化领导力：内涵界定及有效性初探 [J]. 南开管理评论, 2018(1):191-202.

向卓越的核心力量。[①]他概括了学校文化领导的活动或方式：阐明学校的目的与使命，使新成员纳入学校社会化，会讲故事或加强神话、传统和信念的作用，解释"此处事情的运转方式"，开发并显示符号系统，奖励体现学校文化的人。[②]后来，萨乔万尼在"文化领导"基础上发展了"道德领导"理论。他认为，传统领导方式过于强调领导特质、行为、技术和理性，忽略了信念、价值观、责任与义务等具有附加价值的与道德相关的层面，而学校作为结构宽松而文化联结紧密的学习共同体，必须关注领导的道德维度，再造学校领导"概念"，走向道德领导。萨乔万尼拓展了领导权威来源，他在传统领导研究关注的科层权威、心理权威、技术—理性权威之外，更加强调学校领导实践中的专业权威和道德权威。[③]

有研究认为，道德领导与文化领导本质一致，但又有差异。如果从层次区分，道德领导高于文化领导；从着眼点来看，道德领导强调领导者的道德权威，文化领导强调领导者的价值引领；适用对象也不同，道德领导更适用于优质学校或卓越学校，而文化领导则适用于各类学校，可以采用多样的策略。[④]

赖特佐格和里夫斯（Reitzug & Reeves）在一所有 800 名学生的小学开展调查研究，以领导力结构为基础，建构并论证了校长实施象征领导（或文化领导）的路径。[⑤]斯托尔（Stoll）和哈格里夫斯（Hargreaves）先后论述了学校文化领导与变革的过程，其中斯托尔将文化领导与变革的过程概述为理解学校文化、校长重构信念、目的和方向并发挥领导角色作用、文化重塑[⑥]；哈格里夫斯从管理好文化变革的影响和渗透度等角度对斯托尔的观点进行了完善。布什（Bush）对许多关于有效管理组织文化变革的观点进行了总结，进而提出一些新观点：

---

① Sergiovanni, T. J. Leadership and Excellence in Schooling[J]. Education Digest,1984,41(5):6.
② [美] 托马斯·J. 萨乔万尼 . 校长学：一种反思性实践观 [M]. 张虹，译 . 上海：上海教育出版社 ,2004:71.
③ 从春侠 . 萨乔万尼道德领导理论述评 [J]. 国家教育行政学院学报 ,2009(4):90~95.
④ 雷芳 . 学校文化领导实践问题研究——基于符号互动理论的批判与实践探索 [D]. 南京：南京师范大学 ,2012.
⑤ 雷芳 . 学校文化领导实践问题研究——基于符号互动理论的批判与实践探索 [D]. 南京：南京师范大学 ,2012:10.
⑥ 雷芳 . 学校文化领导实践问题研究——基于符号互动理论的批判与实践探索 [D]. 南京：南京师范大学 ,2012:12.

提供确保明晰目的和愿景的有效领导，培养担当文化变革催化剂的人员，从抵触最少的地方着手启动变革，通过教师支持和树立信心而产生维持变革的能力，努力达到维持和发展的最优平衡。①

国内教育界同样关注学校文化领导的实践与研究。如我国知名教育管理学者郑燕祥提出，文化领导属于学校领导的五向度模式之一②，要能鼓舞人心、有魅力、帮助成员发展教育的使命、价值和规范，从而建立学校文化。从本书检索到的相关文献可以看出，学界一致认为，现代领导舞台已经使领导力发展到文化领导的崭新阶段，文化领导是最具生命力的领导模式；领导力更加与领导者所秉守的价值观密不可分，领导者要从经验领导者、科学领导者提升为文化领导者。国内关于学校文化领导的研究成果，主要集中在 4 个方面。

一是概念含义。校长文化领导是校长推进学校文化建设所实施的价值引领和实践指导的行为③；不是一种单一能力，而是一组能力，是一个有机系统④；是校长在对学校文化现状反思的基础上，探索出符合当前教育和学校发展的价值理念、行为规范，并通过自身的管理和领导将其传播到师生中，不断增强师生对学校文化的认同感，推动学校逐步走向优质⑤。

二是现实意义。从师生角度讨论，文化领导在师生的理想与目标追求、价值观念共享、道德与精神成长等方面凸显引领作用⑥；从校长角色探讨，文化领导更加有利于培育与生成积极向上的学校特色文化，营造与形成和谐创新的育人氛围；从学校视角思考，文化领导有利于塑造学校的文化形象，促进学校精神的养成，通过增强师生对学校文化的认同感和尊崇感，推动师生自觉自在自为地融入学校建设，凝聚学校发展合力⑦。

---

① Dimmock, C. & Walker, A. Educational Leadership: Culture and Diversity[M]. London: Sage Publications,2005:69.
② 郑燕祥 . 教育领导与改革 : 新范式 [M]. 北京 : 高等教育出版社 ,2003.169. 转引自 : 余进利 . 学校领导五向度模式与校长培训 [J]. 教师教育研究 ,2009(9):24-28,51.
③ 丁丁平 . 学校文化的流行与缺失——兼谈中小学校长的文化领导力 [J]. 当代教育论坛 ,2014(1):39.
④ 李春玲 . 当代校长的文化领导力构成 [J]. 教学月刊（综合）,2011(12):3-4.
⑤ 冯晓敏 . 校长文化领导与优质学校建设 [J]. 现代教育管理 ,2016(1):50.
⑥ 丁丁平 . 学校文化的流行与缺失——兼谈中小学校长的文化领导力 [J]. 当代教育论坛 ,2014(1):39.
⑦ 袁小平 . 中小学校长文化领导力的意蕴、结构与提升 [J]. 教学与管理 ,2014(2):40.

三是构成要素。根据领导的任务和实施过程，学校文化领导分解为文化识别、文化整合、文化培育、文化变革①；根据构成要素，学校文化领导细分为文化整合、文化认同、文化引领、文化自觉、文化践行和价值领导②；根据文化建设程序，学校文化领导分解为文化整合、文化创新、文化执行、文化评估③；基于"处境—文化"理论，"基质的甄别、意涵的揭示、情感的融入以及外势的利用"既是学校文化领导核心机理的中介性条件，也是学校文化领导的内容或要素④。

四是实践路径。多数研究从校长角度展开，比如，校长实施文化领导的建议：展现校长人格魅力，潜移默化影响师生；激励、鼓舞师生教育与学习士气；知人善任，促进教师专业成长；悉心呵护，关心教师。⑤校长应扮演"唤醒者""播种者""激励者"等角色，诊断文化、共享领导、传播意义、建构专业共同体和培育信任。⑥受学校组织文化、角色定位、领导自身因素等影响，校长要积极变革学校组织文化、明确角色定位、提升自身素质；恰当调整学校文化环境，人为推动与导引文化的移位和换位，让学校成员树立新的是非标准和价值观念。⑦少数研究从学校和社会视角展开，比如针对当前中小学校普遍存在的"物化、虚化、泛化、同化、窄化"等文化缺失现象，从精神内化、制度优化、活动感化、行为外化等方面提出校长文化领导力提升策略。⑧

（三）对学校文化领导已有研究的评述

国内外教育管理学界都认为，学校文化领导将是 21 世纪教育管理研究的重要主题之一。文化包含了科学、艺术、价值观和道德，文化领导将是领导行为

---

① 李春玲 . 当代校长的文化领导力构成 [J]. 教学月刊 (综合),2011(12):3–4.
② 袁小平 . 中小学校长文化领导力的意蕴、结构与提升 [J]. 教学与管理 ,2014(2):40.
③ 李真真 . 学校文化领导——读布尔迪厄的启示 [J]. 现代教育科学 ,2009(2):56–57,103.
④ 冯大鸣 . 学校文化领导的核心机理及实现条件 [J]. 教育理论与实践 ,2008,28(1):28.
⑤ 范国睿 , 王铮 . 略论校长的文化使命 [J]. 上海教育科研 ,2006(7):6–8.
⑥ 朱炜 . 强化校长的文化领导力 : 学校组织变革的成功之道 [J]. 教育发展研究 ,2013(24):32.
⑦ 冯大鸣 . 学校文化领导的核心机理及实现条件 [J]. 教育理论与实践 ,2008(1):28–30.
⑧ 丁文平 . 学校文化的流行与缺失——兼谈中小学校长的文化领导力 [J]. 当代教育论坛 ,2014(1):39.

的必然选择。通过文献检查发现，国内外研究者对学校文化领导早有关注，形成了不少研究成果，但是总体上，这些成果深度不够，尚不能同步支持文化领导实践探索。已有研究至少存在 4 点不足。

不足之处之一：大多数学校文化领导研究没有建立在明确和适切的理论基础之上。有一些研究依据学校文化的内涵和结构来建构学校文化领导的框架和内容，遵循或蕴含的逻辑自然是正确的，但是对学校文化内涵和结构的分析本身缺乏坚实的理论基础，进而直接导致学校文化领导研究也缺乏理论基础。像斯托尔、冯大鸣等国内外学者从逻辑、机理等角度分析了学校文化领导，但总体上大多数研究存在缺乏理论基点的问题，往往止于经验总结和初步探索。

不足之处之二：学校文化领导的分析框架和路径研究的实践指导性不够直接和有效。比如，迪莫克和沃克（Dimoc & Walker）提供了学校文化或学校文化领导的分析维度，但又陷入混淆两者的理论困境，实际上更加适合分析学校领导文化[①]；赖特佐格和里夫斯（Wright Zog & Reeves）虽然对校长象征领导类型进行了细致分类，但对领导实践操作的指导性欠佳。

不足之处之三：研究对象大多为中小学校长，关于高校或高职学校、关于学校组织中其他成员的文化领导研究相对匮乏。

不足之处之四：有关学校文化领导的实践探索已经较为广泛地开展，也取得了一些成果，但总体上属于刚刚起步，实践探索中难免存在系统性不足、持续性缺乏、琐碎和浅表化以及就事论事等问题。

---

① 雷芳.学校文化领导实践问题研究——基于符号互动理论的批判与实践探索[D].南京：南京师范大学,2012:12.

第五节　研究问题与研究方法

一、研究问题

高等职业学校专业负责人应该如何在改进质量管理、加强专业内涵建设中有所作为呢？本书的回答是"运用文化领导，推动专业质量文化生成"，也就是"质量文化领导"。围绕这一主题，要研究的问题很多，本书聚焦以下 5 个子问题，并围绕这些问题进行了预研究，聚拢研究的焦点问题域，预设了研究基本思路。

子问题一：高职专业负责人为什么必须实施质量文化领导？

这一子问题其实是对本书重要性和必要性的探究和论证。探究高职学校专业负责人质量文化领导实施的必要性，不能凭主观臆断作出结论，而应秉持科学的探索精神，坚持历史与现实相结合、理论与实践相结合的原则，将之置于对高职专业建设及质量管理实践探索全面考察的视野之中加以思考和论证。因此，本书立足高职专业建设及质量管理的开阔视角，从教育现代性理论出发反思高职专业建设及质量管理中存在的问题及根源，引出质量文化培育与生成的必要性和紧迫性问题。以质量文化培育的必要性为基点，观照高职专业负责人制度建设及其角色定位，论述专业负责人质量文化领导的内在必然。

子问题二：高职专业负责人质量文化领导是什么？

对高职专业负责人质量文化领导本真的探寻，是整个研究的关键。本书运用文化领导理论研究相关成果，界定高职专业负责人质量文化领导的概念、本质、特征等内涵，并运用"扎根理论法"从访谈资料中提取观点，建构出专业负责人质量文化领导应然的行为框架，形成对高职专业负责人质量文化领导应该如何实施的理论建构。

子问题三：高职专业负责人质量文化领导的现状怎么样？

问题导向是学术研究的重要切入点和思维方式。本书通过开展现状调研，以期找到专业负责人质量文化领导实施中存在的问题。在子问题二的研究中，重点构建了高职专业负责人质量文化领导行为框架，具有实质性地指出了专业负责人实施质量文化领导的维度、方向和基本要求，为衡量专业负责人质量文化领导奠定了基础。在本问题研究中，以行为框架为基础，设计和编制出高职专业负责人质量文化领导的访谈提纲和调研问卷，选取部分专业负责人为样本，开展混合式研究，对专业负责人质量文化领导现状水平及不足形成基本判断。

子问题四：高职专业负责人质量文化领导的影响因素有哪些？

专业负责人质量文化领导现状会受到多层面多因素的影响，本书对影响因素的剖析主要聚焦在专业负责人个体层面和高职学校组织层面。个体层面和学校组织层面到底包含哪些因素，其中的作用机理如何，这些都需要仔细谨慎地识别和验证。在对高职专业负责人的访谈和问卷中，除了涉及"现状"主题，同时涉及"影响因素"主题，调研样本同步获取，对专业负责人质量文化领导影响因素初步识别和建构，紧接着又通过实证研究对影响因素及作用机理进行验证。

子问题五：高职专业负责人质量文化领导应该如何提升？

本书的最终目的在于探讨和提出优化与提升策略，为高职专业负责人质量文化领导发展实践提供可循路径，因此本问题的回答其实是重要结论。在研究中，基于对高职专业负责人质量文化领导现状及影响因素的定量与定性研究，深入分析相关影响因素与专业负责人质量文化领导发展的关系，从理念提升、角色嬗变、能力强化、环境支持4个维度提出高职专业负责人质量文化领导优化的基本策略，明确专业负责人个体层面和高职学校组织层面各自在提升专业负责人质量文化领导、加快专业质量文化培育中的行动方向。

二、研究方法

本书重视方法选择，通过比较深入的学习对相关研究方法的适切性、边界性和可操作性作了较为深入的理解，为研究顺利开展奠定了重要的方法论基础。

文献分析法是每一项课题研究都需要使用的方法，本书亦然。笔者利用中国知网（CNKI）、万方数据、EBSCO、Elsevier 等中外数据库资源，全面检索文献，学习和吸收相关理论和研究成果，寻找灵感，打开思路，找到切入点和突破口，形成理论基础、研究思路和大致框架。

高职专业负责人质量文化领导问题是一个综合性、复杂性问题，自然需要采用多种研究方法相结合的"混合式"方式来研究解决。根据研究问题的特点及需要，本书依据"方法跟着问题走""包容、多元、交叉"原则，理论研究与实证研究相结合、定性研究与定量研究相结合。除了文献分析法，本书选择使用以下 5 种方法。

（一）访谈法

在高职专业负责人质量文化领导行为框架、现状分析、影响因素确定等研究中，编制"高职专业负责人质量文化领导研究"访谈提纲和"高职专业负责人质量文化领导现状与影响因素研究"访谈及补充访谈提纲，分两轮开展访谈。第一轮面向 15 位职教研究专家、高职学校管理干部（校长及副校长、教务处长、二级教学单位负责人），第二轮面向高职学校 30 位专业负责人及 19 位普通教师、行政管理人员开展访谈和补充访谈，获得大量描述性数据，以便进一步分析并获取结论。

（二）问卷法

在专业负责人质量文化领导现状评价、影响因素确定等研究中，编制"高职专业负责人质量文化领导现状及影响因素调查问卷"，面向 11 个省（市）42 家高职学校专业负责人开展问卷调查，回收有效问卷 529 份，获得大量有关高职专业负责人质量文化领导现状及影响因素的量化数据，以便进一步分析并获取结论。

（三）扎根理论法

对访谈中得来的大量描述性数据，运用格拉泽和斯特劳斯（Glaser &

Strauss）开创和界定的"扎根理论法"进行质性分析。对原始数据进行开放式编码、主轴编码、核心编码（称为"三级编码"）及理论饱和度检验，自下而上归纳提取出核心内容，构建出高职专业负责人质量文化领导行动框架，形成本书的一些核心观点。

（四）数理统计法

对照高职专业负责人质量文化领导现状评价指标和影响因素模型，基于问卷得到的数据，使用软件SPSS 22.0和AMOS 21.0开展统计和分析，得出相关结论。使用SPSS软件主要是通过人口学变量统计和研究变量并进行相关分析，描述数据整体情况；通过探索性因素分析和信效度分析，检验问卷数据质量是否符合研究要求；通过方差分析和多元回归分析，验证研究假设。使用AMOS软件主要是通过验证性因素分析，检验模型的拟合度；通过模型比较，验证模型的区分效度和聚合效度；通过路径分析，验证研究假设。

（五）案例法

收集国内高职学校在学校质量文化建设、专业质量文化培育、专业负责人培养、专业教学团队建设等工作中的一些典型做法和先进经验案例，为形成高职专业负责人质量文化领导改进与提升的基本思路，提出相应对策，奠定了基础。

第六节 研究思路与技术路线

一、研究思路

专业负责人质量文化领导是高职专业加快培育与生成质量文化、增强专业内涵建设、提高人才培养质量的重要路径。但是，在确定选题时首先要考虑高职专业负责人质量文化领导这一课题提出的科学性、合理性。这是一个前所未有的研究选题，必须首先对高职专业负责人实施质量文化领导的内在动因进行论证。

形成对高职专业负责人质量文化领导重要性和必要性的认识之后，本书继续深入对其进行理论剖析。对高职专业负责人质量文化领导的理论剖析，主要基于三个假设：第一，高职专业负责人质量文化领导是一个可以界定的概念范畴；第二，高职专业负责人质量文化领导是一个多层次多维度的行为组合；第三，在专业负责人个体和高职学校组织共同努力之下，高职专业负责人质量文化领导是可以得到改进与提升的。基于这三个假设，本书凝练研究要素和核心问题，对高职专业负责人质量文化领导的本质内涵、行为框架、现实状况、影响要素及影响机理进行分析，进而提出了高职专业负责人质量文化领导的改进与优化策略。

总之，本书按照研究问题的内在逻辑，层层递进，环环相扣，不断深化对问题的认识，得出研究结论。

二、技术路线

基于前面论述的开展高职学校专业负责人质量文化领导的研究目的、研究问题、研究方法与思路，本书绘制了如图 1-4 所示的技术路线。

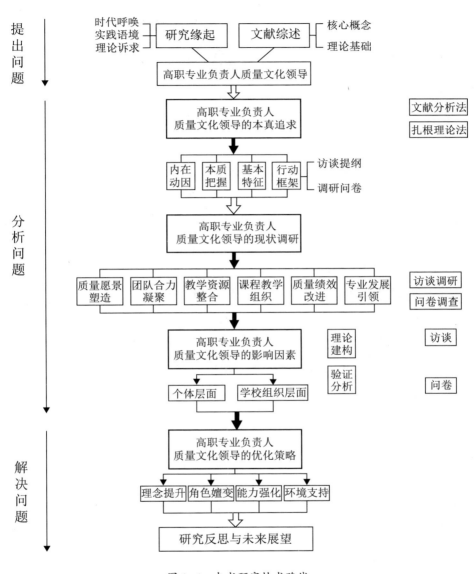

图 1-4　本书研究技术路线

第二章

研究的理论基础

领导行为实践离不开解释，离不开决策，更离不开创造，而这些背后都需要理论给予支撑。质量文化领导绝不是实践或技术问题，它有着丰富的内涵和坚实的理论基础。理论反映的是人们对生活和工作的理性认知，从内在激励和引导人们去思考和行动。[①]研究高职专业负责人质量文化领导，需要寻找这一领导行为背后支撑的理论依据，只有从理论层面阐明为什么实施这一领导行为、实施这一领导行为需要秉承的理念等问题，才能更为自觉、更有成效地将该方法运用于专业负责人的管理实践之中。为切实增强本书研究的理论系统性及实践指导性，笔者尝试从哲学、组织学、社会心理学等视角对高职学校专业负责人质量文化领导的理论基础进行构建和阐释。

第一节　教育现代性理论及其应用分析

一、教育现代性理论

启蒙运动以来确立的"现代性"，以工具理性和单子式个人主体性为核心，是以世俗、理性、契约、科学等精神为标识的人与社会的普遍特性。"现代化"

---

① 张新平 . 教育组织范式论 [M]. 南京 : 江苏教育出版社 ,2001:6–7.

是"现代性"的表征和具象，"现代性"是"现代化"的深层趋势和持久进程。[①]
现代性渗透于人类社会的方方面面，影响着人的日常活动乃至生存方式。教育
作为人类的一种理性行动，不可避免地遭遇现代性问题的"纠葛"。自现代性
伊始，教育就持续推进着文化价值的现代性转向，现代教育与现代性及其社会
活动有着天然密切的联系，这就是教育现代性。

（一）现代性的起源和本质

现代性是一个多面体，关于它的起源，学界争论不休，至少存在时间、制
度或模式、思想文化三个角度的理解。[②]从时间角度切入，现代性起源于现代
社会的转型，标志着"脱离""过去"或"传统"而走进新的进步的时代，是一
种具有进步性和创新性意义的时间观念。使用"现代性"这一词语，本意是描
述社会由"传统"向"现代"转型的本质特征，但由于这一特征内在渗透于人
的思想意识和社会行动之中，所以很难用词语准确、清楚地描述。现代性理论
可追溯至政治哲学对"苏格拉底问题"的追问，当今已广泛运用于社会学、管
理学和人类学理论解释范式。

至于现代性的本质，比较权威的观点是马克斯·韦伯提出来的。韦伯认为，
现代性的本质是理性，理性分为价值理性和工具理性，现代性的发展就是社会
走向理性化的过程，实质是工具理性的扩张过程。[③]现代性影响着人类的精神
活动，还支配着人的社会行动，它的本质是"人的精神理性化"，理性精神包
括科学精神、民主精神、契约精神、法治精神。

（二）教育现代性的合理性危机

启蒙运动后，西方教育获得全新发展，走向了世俗化教育，教育目的转向
人自身，促进着人的个体主体性发展，逐步构建起民主化、法制化的现代教育

---

① 郑杭生 . 现代性过程中的传统和现代 [J]. 学术研究 ,2007(11):5–10.
② 金亚文 ,刘志军 . 教育现代性研究的进展及其阐释空间的拓展 [J]. 现代大学教育 ,2014(2):6–11.
③ 刘子云 ,刘晖 . 论高等教育质量保障现代性表征、冲突及其反思 [J]. 黑龙江高教研究 ,2019(10):57–64.

制度，加速推进社会的现代化进程。这些成就归根结底是以主观理性为基础、以理性主义文化为核心的教育现代性的成就，是理性的胜利。但是，"理性的胜利就是理性的失败"①，教育现代性没有实现人的主体性的整体进步，它在提高人的主体性的同时，却产生了反主体性效应。教育现代性社会展开中出现的"悖论"，表明它面临着合理性危机。可以从三方面理解教育现代性的合理性危机。

（1）教育理性化与教育整体精神的冲突。教育理性化的核心追求在于教育知识的科学化和教育过程的可控性。在这种核心追求驱动之下，学校教育内容逐渐由科学知识占据主体，人文知识则因为个体性、主观性、隐喻性、模糊性、多质性等特点，地位逐渐式微，内容逐渐弱化。在教育理性化的追求中，教育整体精神遭到消解，甚至异化。

（2）教育的工具合理性与价值合理性的冲突。教育与生活世界之间有着双向互哺的机理性联系，但是遵循理性化要求发展而来的教育系统逐步将自身提升为一个有别于生活世界甚至与之隔离的相对自足的专门化系统。教育现代性发展中，工具合理性肆虐，隐匿和压倒了价值合理性，最终导致个体理性能力提高与价值意义体认、理性与自由、知识技术掌握与人的主体性发展的分离。

（3）个体主体性的生产性与占有性之间的冲突。对人的主体性来说，只有当生产性倾向占据主导地位、占有性倾向处于辅助地位时，结构才是合理的。但在工具理性支配下，培养的人反而刚好是占有性倾向居于主导。②在这种结构中，人与知识的关系是占有关系而不是享有关系，学习是为了占有知识而不是为了享有知识，而占有知识的目的又是占有别的东西；人为了能够占有，将不惜一切手段，甚至以依附强力或者失去主体自我为代价。

（三）教育现代性的合理性重建

现代性是教育研究无法回避的重大课题，对之亦有较大的认识分歧。学界

---

① 程志敏.理性的本源 [J].人文杂志,2001(4):25-31.
② 吴全华.教育现代性的合理性研究 [D].广州：华南师范大学,2005:46.

在揭露、反思和批判教育现代性的同时，也为其合理性进行辩护，提出要超越其反主体性效应，重建其合理性，促进个体主体性健康发展。理性化带来的问题并非"理性化"的错，更不是"理性"的错，而在于人们片面理解了"理性"，将其局限为技术理性。[①]那么，教育现代性的问题到底在哪里？实质根源在于人们片面、抽象、极端地误解了"理性"。在教育现代性重建中，关键在于摈弃对主观理性的片面化和极端化。合理性重建教育现代性，要在坚守教育现代性的核心价值主张——人的个体主体性发展过程中，促使个体主体性更充分、更健全地发展。

在教育现代性研究语境之下，合乎理性就是合理性。重建教育现代性，仍然是将合乎理性作为合理性基础，不过，"此理性非彼理性"，此理性是一种新的理性精神，不仅是启蒙理性精神，而且是内含多元特质的理性精神，它由理性因素和非理性因素共同构成。这种新理性精神形成的前提是肯定人是理性与非理性相统一的总体性存在，以其作为教育现代性的合理性基础，势必有助于超越以传统理性为合理性基础的教育现代性。[②]

二、教育现代性理论在本书中的应用分析

高职专业负责人质量文化领导行为实践背后蕴含着丰富的哲学问题，质量文化领导离不开哲学的指导。霍金森（Christopher Hawkinson）认为，推进教育改革与发展亟须哲学作为补偿力量，通过对组织及领导本质的追问与重建，探寻并恢复其意义所在。[③]哲学是各门具体科学的基础，哲学层面的思考是本书研究必不可少的，其具有深邃的学术思维和突出的指导意义。

作为我国高等教育的"半壁江山"，高职教育在发展过程中不可避免地卷入现代性的浪潮，逐渐确立了科学、理性、技术、效益等行动理念和范式。现

---

① 沈湘平. 理性的历史化与历史的理性化 [J]. 人文杂志,2001(4):32−37.
② 吴全华. 教育现代性的合理性研究 [D]. 广州: 华南师范大学,2005.
③ [美] 克里斯托弗·霍金森. 领导哲学 [M]. 刘林平, 万向东, 张龙跃, 译. 昆明: 云南人民出版社,1987:15.

代性是一把"双刃剑"，高职教育发展理念和行动的现代性既确保了高职教育现代化机制的有效运行，推动现代职业教育体系的建构，为高职教育质量评价提供科学手段和论证工具，又可能导致高职教育背离或异化教育的本真目的、价值和功能，专业建设及质量管理日渐显现出越来越多的不适应性。应该说，本书关注高职院校质量文化培育，进而关注高职专业负责人质量文化领导，正是从立足教育现代性理论视野反思高职专业建设及质量管理存在的局限入手的。

立足教育现代性理论反思高职专业建设及质量管理存在的局限，进而提出质量文化培育，并不是说质量文化不存在现代性因素。上面在"教育现代性的合理性重建"中已经点明，超越教育现代性是要在否定现代性的同时，有所肯定。正是受此哲学观点支撑，在质量文化研究中，本书根据作用效果将质量文化分为积极的质量文化和消极的质量文化。本书在对"质量文化"概念进行界定时已经论述过质量文化的两种类型，并且明确指出本书中的质量文化培育指的是积极的质量文化。

在本书中，教育现代性理论还运用于对高职专业负责人质量文化领导内在动因问题的探讨（见第三章第一节）和对高职专业质量文化培育与生成规律及人才培养质量观塑造问题的探讨（见第六章第一节）。

第二节　组织文化理论及其应用分析

一、组织文化理论

"组织文化"概念由戴维斯（S.M.Davis）于 1970 年率先提出。之后，组织文化逐渐成为组织研究的主流词语。这一概念的产生，绝不是说过去的组织没有文化，组织的生产、经营、管理本身就是文化现象，之所以将其作为一个崭新的概念，是因为当代的组织管理已经突破了传统管理模式，正在走向一种全新的文化模式，"组织文化"恰恰确切地反映了这种新模式的本质和特点。

（一）组织文化概念

"文化作为符号—意义系统，是人深植在自己活动中的根"[①]，文化可以解释社会生活中的大部分秩序。在组织研究中，顺理成章地会将文化指定为控制组织的关键因素。当然，什么是组织文化，存在不同的观点或定义，迄今仍然没有统一定论，但一般来讲，组织文化是指组织成员所共享的价值信念以及行为规范，其核心是共享价值观。组织文化一旦形成，就会产生持久的驱动力，具有强大的影响力，促进或阻碍组织变革与发展。

（二）组织文化模型

埃德加·沙因将组织文化划分为三个层次：文化人工成分、信奉的信念和价值观、潜在的基本假设。[②]只有"基本假设"才是真正的文化，其他只是文化衍生物。组织文化实质就是在更深层次上为组织所秉持和信守的基本假设。这些基本假设内化进入组织成员内心，为组织所共有，构成组织文化的基核，而人造符号则仅仅是组织最表面的东西。[③]根据文化形成过程，沙因构建了组织文化三层次互动模型（见图 2-1）。

---

① 郗正.当代人与文化 [M].长春：吉林教育出版社，1998:146.

② [美]埃德加·沙因.组织文化与领导力 [M].4 版.马红宇，王斌，译.北京：中国人民大学出版社，2017:16, 23-26.

③ 辛本禄.现代组织文化的产生、层级及其特征 [J].社会科学战线，2009(4):223-226.

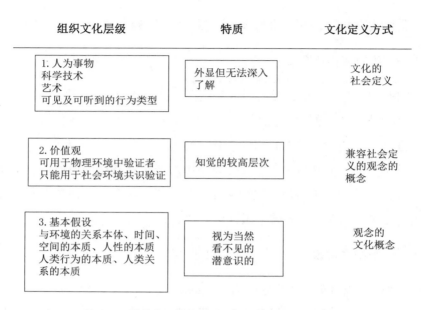

图 2-1　埃德加·沙因的组织文化三层次互动模型

资料来源：李成彦.组织文化——基于组织效能的视角[M].北京：北京大学出版社,2013：42.

根据图 2-1 的模型可知，组织文化的形成及其作用发挥往往通过两条路径：第一条路径由行为实践（人工成分）到价值信念确定，遵循由行为到观念的逻辑，重在价值形成；第二条路径遵循从观念到行为的逻辑，重在促进核心价值向行为转化。两条路径融合构筑了组织文化与成员行为之间的互动循环。

（三）组织文化层次

组织文化分层理论被广泛接受。虽然很多学者没有把沙因所说的"基本假设"直接列入组织文化层次之中，但"价值观是组织文化核心"的观点得到一致认同。一般认为组织文化分为四个层次：物质层，包括组织的人造物品、技术环境、对外形象等；行为层，包括组织日常管理、内部人际关系、成员行为规则等；制度层，不是规章制度本身，而是其有效运行的氛围；精神层，在整个组织文化系统中居于核心地位。

（四）组织文化的研究方法

组织文化研究的发展并不等同于组织文化研究方法的发展，但两者是相辅相成、紧密相关的。组织文化通常有两种研究方法：量的研究方法、质的研究方法。最先在组织研究领域以组织案例的定性研究为主，当定性研究遭遇大量质疑之后，大样本的定量研究逐步兴起与发展，实证研究方法占据优势地位。20世纪80年代，不少研究者又觉得定量研究过于干瘪、刻板，能够延展探讨的空间过于局限，定性研究再次得到更多认同，定量研究反之变少。直到90年代，定量研究才再度增加。

定性研究和定量研究是组织文化研究最基本的两种方法。定性研究侧重于研究组织文化的形成、演化及对组织的影响机理，主要包括访谈、个案研究、现场观察、女权主义和建构主义、民族志、行动研究、内容和符号学分析等方法。定量研究将组织文化视为组织变量，主要采用定量技术和手段。由于这两种研究方法在研究目的、研究规模、分析范式等方面均有较大不同，在实际运用中根据需要或者采取其中一种方法，或者将两种方法综合运用。一些学者为了更好地开展组织文化研究，对两种方法及其综合运用进行了比较（见表2-1）。

表2-1　组织文化各种研究方法的比较

研究方法 区分标准	纯定量研究	既定性又定量的研究	纯定性研究
①研究者的理论出发点	"文化普遍主义"（对被研究的文化领域大多只有知识而无丰富经验）	"文化普遍主义""文化相对主义"并重（对被研究的文化领域既有知识又有经验）	"文化相对主义"（对研究的文化领域大多只有丰富经验）
②研究目的	验证假设（寻求"过硬的"数据）	从假设中有所发现（在对"软"资料进行加工的基础上寻求"硬"数据）	回答尚未解决的研究问题（寻求基于非定量的"软"资料的答案）
③所研究的文化的数量	跨国研究	对少数国家的研究	对单个国家的研究

续表

研究方法 区分标准	纯定量研究	既定性又定量的研究	纯定性研究
④特定文化的 研究类型	在西方工业国家的研究类型 ·分析的（剖析的） ·隶属的（层级状） ·理性的（系统的） ·抽象的（演绎的） ·追求目标的"决策树型"思维	将西方国家和日本进行比较的类型： ·兼收并蓄型的"螺旋上升类型"	在日本的研究类型 ·综合的（整体的） ·协调的（和谐的） ·直觉的（类推的） ·具体的（归纳的） ·整体性的"笼统型思维"
⑤分析范式	自然科学的要求：对测量结果进行跨文化的检验（理性主义）	社会科学的要求：既对经历进行理解，也对测量结果进行一定程度上的跨文化检验（乐观的现实主义）	人文科学的要求：对主观经历进行理解（历史主义）
⑥比较研究的方式	依据一些选出的维度对部分领域进行比较	依据相关选出的维度进行全面比较	在整体层面上进行全面比较
⑦样本大小	随机抽样	"适当抽样"	范例（个案研究）
⑧研究方法	仅运用"过硬的"研究方法（如广泛的测量）	交替使用"软"和"硬"研究方法	仅仅运用"软"研究方法（如个人经验）
⑨数据分析的目的	寻求文化间的共同点	寻求文化间的共同点和差异	寻求文化间的差异

资料来源：石伟. 组织文化[M]. 上海：复旦大学出版社，2010：24-25.

二、组织文化理论在本书中的应用分析

高职专业负责人质量文化领导的实施离不开学校组织情境，对它的研究，自然离不开组织学理论。在组织学理论中，与本书最直接相关的主要是组织文化理论，组织文化理论对高职学校质量文化培育、专业负责人质量文化领导等实践具有指导意义。之所以这样认为，至少有三点理由：第一，高职学校作为一个文化型组织，其组织文化固然有自身独特的文化特征，但其前提是具有一般意义上的组织文化的内涵和特征。第二，如果从严格意义上来界定，组织文化更多地强调高校文化在组织管理方面的意义，所以组织文化并不完全等同于高校文化。但是按照通常的理解，高校是一种特定的组织和文化的缩影，高校

组织文化就是高校文化。尤其是本书对"质量文化领导"加以探讨，是从组织管理的意义上探讨文化，所以可以认为高校组织文化与高校文化在本书中具有相同的内涵。第三，质量文化是高校组织文化（或高校文化）中的一部分。曾有研究从文化生态学角度剖析了高校质量文化的产生过程及发展环境（见图2-2）。在文化生态学视域下，抛开学校组织文化来分析质量文化，无疑是"无本之木"。

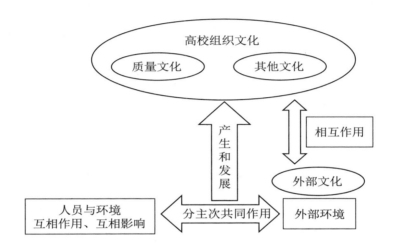

图 2-2 文化生态学理论视域下的高校质量文化生成结构

资料来源：高海生,王森.论文化生态学视野下的高校质量文化建设[J].国家教育行政学院学报,2013(7):15-18.

高职专业负责人质量文化领导实施中，专业负责人既要对专业建设及质量管理实践进行价值追问与梳理明示，又要将抽象的价值信念外显化，通过自身表率或规范、制度等，促进专业教学团队的理解内化。质量文化领导的实施，就是领导者带领组织成员建立并延续一种以提高质量为核心的组织文化，而这种以提高质量为核心的组织文化的核心实质就是质量观，是在价值观主导之下的质量观。这样，质量文化领导的有效实施同时是领导者带领组织成员建立并延续一种以提高质量为核心的组织文化，以滋养组织的质量观（在价值观主导之下的质量观），强化与质量观（价值观）相一致的成员行为，确保组织目标和质量愿景实现。

探讨质量文化领导的前提是对质量文化具有较深的理解。质量文化作为组织文化的一种类型，有自身的个性但也有与组织文化的共性。对质量文化的理解完全可以在组织文化研究方法与成果的指导之下进行。本书中，对高职专业质量文化培育与生成规律、人才培养质量观共享的专业教学团队建设等问题的探讨（见第六章第一节），都是在组织文化相关研究成果指导下进行的。

无论是对质量文化的研究还是对质量文化领导的研究，研究方法的选择和使用都非常重要。本书之所以采用定性研究与定量研究相结合的混合式研究方法，也是在充分考察、比较、借鉴有关组织文化研究方法范式的基础上作出的选择，这也体现了组织文化理论在本书中的应用。

第三节　角色理论及其应用分析

一、角色理论

"角色"概念原指"戏剧、影视剧中演员扮演的剧中人物"，最初被引入社会心理学之中，用以描述社会中的个体行为。此后，组织行为学、社会学、管理学等人文社会科学逐渐开始使用这一概念。

（一）"角色"概念的争鸣

尽管"角色"概念经过多年的发展，但是具体含义始终不能统一。论争者大体可以分为两派：社会结构派和心理过程派。社会结构派基于社会学理论，偏重客观静态的社会结构，将之定义为"由特定社会结构来分化的社会地位"[1]；心理过程派基于心理学理论，偏重个体主观动态的心理认知过程，主张社会角色由个体在社会互动中通过调整自我认知而形成，将之定义为"个人作为一定地位占有者所做的行为"[2]。

尽管各个学派对"角色"概念争论不休，但总体都是围绕"角色"的期望、"角色"的地位等问题展开的，不能说哪个派别对"角色"的定义最为正确，只能说都存在片面性，都仅仅从不同侧面来描述"角色"特征。后来，美国学者拉尔夫·特纳（Larf Turner）发现并调和了社会结构派和心理过程派的不同主张，他提出不仅要注意客观方面，还要意识到主观能动方面，认为角色应当是在符合社会规范的处于一定社会地位的个体的行为。20 世纪 60 年代，心理学家萨宾和艾伦（T. Sabin & V. Alan）联合出版《角色理论》一书，标志着角色理论开始走向成熟，"角色"概念成为横跨社会学及社会心理学的一个重要概念，用于描述个体与社会之间的交互过程，即角色连接了个体与社会，个体通过扮演一定的社会角色融入社会。[3]

（二）角色理论的研究内容

角色理论研究涵盖了个体实施社会行为的全部过程。主要包括以下方面。

（1）角色学习。角色的行为模式是由客观的社会地位和主观的个体认知共同决定的。角色学习是个体对于角色的主观认知过程，是角色观念形成和技能获取的综合性过程，这一过程并非呆板的角色规范的静态学习，而是在与其他角色的碰撞之中不断修正的动态过程。

（2）角色扮演。根据行为人对角色的不同表现形态，角色扮演分为三种：期望角色，指社会或组织对某一特定角色所设定的标准行为模式；领悟角色，指由于认知不同而对同一角色行为形成的不同理解；实践角色，指个体在社会实践中实际表现出来的行为模式。

---

① 金盛华 . 社会心理学 [M].2 版 . 北京：高等教育出版社 ,2005:32.
② 乐国安 . 社会心理学 [M].3 版 . 北京：中国人民大学出版社 ,2017:106.
③ 李明聪 . 角色理论视域下的警察鉴定人角色冲突与矫正 [D]. 北京：中国政法大学 ,2020:8.

（3）角色冲突。个体在担任多种角色或者某一角色过程中，由于对角色的理解产生偏差，继而影响到角色扮演的效果，导致"实践角色"严重偏离"期望角色"，产生角色冲突。

（4）角色矫正。鉴于角色冲突对于个体角色扮演造成的不利影响，在设计社会角色时应当及时发现角色冲突并对其进行适当的角色矫正，以便缓解角色冲突带来的消极影响。角色矫正分为外部矫正和内部矫正，内部矫正一般包括角色规范、角色合并、角色层次。[①]

二、角色理论在本书中的应用分析

本书探讨质量文化领导，聚焦的对象是高职专业负责人。"专业负责人"作为高职学校专业建设的"核心人物"和高职学校改革与发展中的重要人物，在高素质技术技能人才培养过程中承担着关键的角色，角色理论势必适用于针对这一群体的专题研究。

本书充分运用了角色理论。在分析高职专业负责人质量文化领导的内在动因、行为框架时，角色理论是其中一个视角，实质是剖析专业负责人角色扮演中的"期望角色"（见第三章第一节）；在高职专业负责人质量文化领导优化策略研究中，对专业负责人角色困境、角色嬗变等问题的剖析，是立足于角色冲突和角色矫正视角的（见第六章第二节）。

---

① 李明聪 . 角色理论视域下的警察鉴定人角色冲突与矫正 [D]. 北京：中国政法大学 ,2020:8.

高职专业负责人质量文化领导的本真追求

高职专业负责人质量文化领导既指"领导者",即高职学校专业负责人,在专业建设中起着组织、凝聚、带动作用,又指推动专业质量文化培育与生成的"领导"实践行为。在对高职专业负责人质量文化领导进行深入研究中,需要论证清楚高职专业负责人为什么必须履行质量文化领导职责,也需要对这一领导行为是什么以及应该如何实施进行剖析。本章通过对内在动因、本质与特征、行为框架等问题的阐释和剖析,对高职专业负责人质量文化领导形成比较清晰的理性认知。

第一节　高职专业负责人质量文化领导的内在动因

对高职专业负责人质量文化领导之动因和机理的分析,必须置于高职学校专业建设及质量管理的实践背景与研究视角下,并以质量文化生成的紧迫性和高职专业负责人的角色期待分析为前提。

一、培育高职专业质量文化的实践之需

在我国高等教育发展历程中,质量问题始终备受关注,特别是改革开放以来,质量管理备受重视,并兴起了高等教育质量保障运动。高职教育置身高等

教育质量保障运动热潮之中，自然也不例外。①通过国家政策推动和高职学校自身实践，我国高职教育逐步形成了一个以高职学校为主体、以专业内涵建设为核心、专业门类齐全、具有相当规模、培养质量可以得到保证的高职教育体系和运行机制，走出了一条自身特色鲜明的质量保障之路。

从国家政策推动来看，在不同历史时期，国务院及教育部和各省（市）都出台过相关政策文件，推进高职教育质量保障深入实施。国务院出台的《关于大力推进职业教育改革与发展的决定》《关于加快发展现代职业教育的决定》《国家职业教育改革实施方案》等一系列重要政策文件中，都有专门条款强调职业教育质量。教育部等各部委出台的《关于进一步加强职业教育工作的若干意见》《现代职业教育体系建设规划（2014—2020 年）》《高等职业教育创新发展行动计划（2015—2018 年）》，也都对高职教育质量保障有专章论述。

从高职学校自身行动来看，在国家政策的强力推进以及借鉴国际职业教育发达国家质量保障经验的背景下，高职学校逐步且多元化加强了内部质量监控。大多数高职学校或单独设立质量管理职能部门"质量办"，或在教务处、学校办公室、督导处等部门增加质量监控职能，形成了以规章制度为引领、以程序性文件为基础、以质量标准体系为内容的综合性质量监控体系。高等学校采取了多样化举措，比如几乎所有航海类、交通类高职学校都应用了 ISO9001 质量管理体系，也有不少高职学校实施了全面质量管理（Total Quality Management）。高等学校还逐渐加大第三方引入力度，行业协会、产教联盟、专业指导委员会、社会评价机构等分别立足不同的视角或方向对高职学校教育教学、专业建设、人才培养进行宏观、中观、微观评价。

当前，我国高职学校逐渐形成重视专业建设及质量保障的氛围，极大提高了专业内涵水平，提升了人才培养质量。职业教育实现了从数量扩张到质量提

---

① 质量管理是关于质量的一切管理活动，包含质量保障、质量保证、质量控制、质量监控、质量审计等，由此可见质量保障是质量管理的一部分。但是，由于质量保障是当前职业教育领域主要开展的质量管理活动，而且质量保障的内涵也往往包含质量保证、质量控制、质量监控等其他质量管理活动的内涵，同时当前在职业教育领域，无论是研究还是实践抑或政策文件，习惯使用的话语是"质量保障"（实际指的内涵等同于"质量管理"），因此本书中将"质量保障"等同于"质量管理"。

升的飞跃，质量保障水平有力提升。[①]但是，审视现实，高职专业建设及质量管理面临的挑战和存在的局限仍然很多，亟须反思问题之根源，并探寻破解之策略。

（一）高职专业质量管理的现实局限

人才培养质量是高职专业建设的"永恒主题"，政府和高职学校都在为之努力，并取得了很好的成效，但亦有不少现实局限。关于高职专业建设及质量管理面临的挑战和存在的局限方面的研究颇多，但本书并不对之作全面、系统的论述，而是根据研究侧重点，立足教育现代性理论视野，从人才培养质量观、评价与监控手段、责任主体性三方面加以阐述。

（1）外适性人才培养质量观占据主导。高等教育质量是一个历史范畴，高等教育质量观在不同历史阶段具有不同的内涵。在精英教育阶段，质量就是卓越和高标准；在大众化阶段，质量则是教育目的的符合性或学生的价值增值。20世纪末，人们逐渐认同教育质量的模糊性，对高等教育质量观的理解秉持不同的研究视角和立场。现代职业教育在改革发展中，同社会的连接日趋紧密，社会服务能力逐步增强，职业教育质量更多地体现在为社会提供技术技能人才，外适性人才培养质量观逐步产生，强调高职教育人才培养必须满足国家、社会、经济产业发展的需要。虽然当前高职学校在研制专业建设方案时，都会提到人才培养理念坚持"立德树人""德智体美劳五育并举""人的全面发展"，但现实中，在外适性人才培养质量观主导下，人才培养质量被等同于"产品质量"或"服务质量"，以适应现实需要为质量评判标准，进而导致专业建设及质量保障倾向于"绩效本位"，突出了教育的功利性价值取向。

（2）专业建设评价与质量监控手段倚重技术。为了满足对提高专业建设成效和人才培养质量的要求，政府和高职学校都习惯开展评价，而且在评价方式上往往结合计算机技术、大数据、实证方法等，采取比较具体的、可量化的指

---

① 吴雪萍，郝人缘.中国职业教育的转型：从数量扩张到质量提升[J].中国高教研究,2017(3):92-97.

标作为质量评价的核心指标。质量评价中，往往只关注易控易测和最表面、最易见、最普遍的问题，而对专业建设及人才培养过程中的细节和微观机制无法、无力或无心顾及。无论是政府还是高职学校自身，都很大程度地依赖技术，期望用程序"控制""生成"或"保证"质量，以构建日益系统和完备的质量控制体系为主要途径推进质量保障。高职专业质量保障基本限定在行政范畴，侧重于制度、程序、方法与工具，习惯使用标准、规范、评估、监控、奖惩等技术手段，而在质量愿景、质量方针、质量理念等精神或文化层面并没有真正触及。① 比如将教师教学质量化约为"学生评教分数"，学生学业质量等同于"就业率""证书获取率""学业考试成绩"等数量指标，并层层分解、精确控制，力图较快提高人才培养质量。

（3）基层的专业建设及质量责任主体性没有体现。我国高职教育质量保障走的是从政府到高校"自上而下"的路线，政府最先关注教育质量，主导专业建设的方向和内容，对高职学校专业建设质量给予权威的评估，并决定专业建设项目是否立项，推动高职学校质量保障。而对高职学校来说，出于功利化，要么为了落实上级部门的工作要求，要么想方设法地"争项目""戴帽子"，并没有集中精力把工作重心放到内涵建设和质量提升上。在高职学校内部，受科层制管理模式控制，专业建设及质量保障同样采取"自上而下"的路线，学校领导和中层干部扮演决策者、管理者的角色，负责质量战略规划、实施与推进，教师、学生等质量主体往往被边缘化，参与质量建设的主动性和积极性并没有被真正激发。由于质量保障存在与绩效考核强行挂钩、质量监测工具缺乏科学性、质量信息反馈不及时等问题，容易引发师生对质量评估的抵制和排斥，师生的质量责任意识共同体很难形成。

（二）高职专业质量管理存在局限的审思

审思我国高职专业建设及质量管理存在的现实局限，可以认为根源在于教

---

① 周应中.质量文化培育与生成：高职学校高水平建设的核心路径[J].中国高教研究,2020(3):98-101.

育现代性的内在冲突。在现代性理论视野下，高职教育专业建设及质量保障以工具理性为主导，呈现出功利主义取向、管理主义印迹和技术主义思维。

一是功利主义取向。我国高职教育现代性尤为关注功利性社会价值目标的实现，高职教育兴起伊始就肩负着帮助政府解决大量应用型人才急缺和"高等教育资源荒"的使命。在工具理性主导下，高职教育侧重社会整体现代化目标的实现，而对社会个体现代化建设始终忽略。^①高职人才培养目标不断演变，先后表述为"高层次实用人才""高等应用型专门人才""高等技术应用型专门人才""高技能人才""高素质技能型人才""高端技能型专门人才""高端技术技能型人才"，都在强调面向生产服务第一线培养应用型、实用型专门人才，功利性明显。

二是管理主义印迹。我国高职教育管理体系是"自上而下"建构起来的，专业建设及质量保障的"行政化"印迹较为强烈，通过统一制定质量管理标准、自上而下推行质量评估、实施质量监管与绩效问责，不断强化对人才培养过程及质量要素的有效控制。专业建设及质量保障的"工具性"实践，在管理主义意识形态的裹挟控制下，实际上削弱或剥夺了师生作为质量责任主体的话语权，消解或挫伤了师生的主体性和能动性，逐渐演化为对师生主体的话语霸权和技术暴力，遭到质疑和批判。质量保障本身并不能直接促成教育质量的有效生成，更为严重的是当质量保障被问责、控制等管理主义控制之时，质量管理规范化和标准化实践还会抹杀教育质量的多样性、适应性和内生性，最终偏离教育质量的本质。

三是技术主义思维。高职学校专业建设及质量保障越来越依赖技术手段，师生等质量主体和教学资源等质量要素都受技术理性的总体支配，专业质量建设已经被异化为质量保障标准和评价指标的技术实践。数字技术管理具有易于实施操作、提高管理效率、降低管理复杂性、最大程度保证公平等优点，但是唯效率主义、唯科学主义、唯数字主义的管理方式并不适应创造性教学活动的

---

① 吴结. 我国高职教育现代性演进及增长路径 [J]. 职业技术教育,2014(7):5–9.

要求，它顶多可以表征质量投入和产出的"数量"信息，而无法精确监控质量生成全过程，在培育教师的质量责任意识、激发教师创造性等方面更是束手无策。量化评估技术并不能真正促进人才培养质量提高，而且教育教学质量信息量化数字的真实性、全面性、科学性和有效性总是受到质疑，比如在学生评教中，学生对教师教学满意度的评分一般都很高，但是这与课堂教学中学生的实际表现并不见得相符。

（三）高职专业质量文化培育的紧迫性

在反思、批判与消解教育现代性的大背景下，教育质量保障转向质量提高。然而，质量提高绝非外部政治或学校行政管理的函数，只有真正激发出师生在质量提高中的内在动机，并将其内化为师生自发的质量实践，才有可能谈得上质量提高。质量文化培育成为世界高等教育的自觉行动，也被称为构建人—文化取向的质量保障范式[①]，质量保障的正式制度和结构是质量提高的必要但非充分条件，师生的个体化实践是影响质量保障有效性的重要变量。前面的文献综述已经提到，国外高校早已重视质量文化培育，欧洲大学联合会、联合国教科文组织、世界经合组织等的举措或呼吁，都证明了这一点。

近年来，在我国高职专业建设及质量管理中同样兴起了质量文化培育实践。2015 年，教育部《关于建立职业院校教学工作诊断与改进制度的通知》首次提出"教学工作诊断与改进"制度，旨在推进高职学校内部质量保障体系建设，营造"人人重视质量、人人创造质量、人人享受质量"的质量文化，推动教学管理水平和人才培养质量的持续提升。

但是，我国高职教育质量文化培育与生成实践仅仅是刚刚起步，亟须加快探索。当前，我国高职教育领域加快培育与生成质量文化具有紧迫性，为什么这样说？至少有三方面理由。第一，重塑高职专业人才培养质量观念。高职教育兼具社会发展和人的发展双重功能，但现实中，社会功能往往是显性的，而

---

① 苏永建 . 高等教育质量保障的历史演进、全球扩散与发展趋势 [J]. 高等教育研究 ,2017(12):1-11.

个体功能是隐性的，因此高职专业质量文化培育实践倾向于"绩效本位"，突出功利性价值取向。专业质量文化是高职专业质量治理中的价值建设，是以学生为核心的多重文化作用下的动态结构，"培养怎样的人"和"怎样培养人"是质量文化培育必须解决的核心问题，因此高职专业必须树立正确的价值引领，推动质量治理回归人文理性。[①]在人才培养质量观重塑中，高职专业要追求工具理性与价值理性的整合，树立"以生为本"质量观。一是高职专业教育要能够帮助学生以后谋求幸福生活，满足人的内在本质发展性需求；二是高职教育必须满足学生兴趣、能力、需要的多样化需求；三是高职教育所提供的服务产品要能适合学生个人的实际发展程度；四是高职教育要以学生现有素质为基础，提高学习成就的"质量增值"，进而明确自己的发展空间。[②]

第二，转变高职专业人才培养质量生成逻辑。长期以来，"问责"是高等教育质量保障始终不变的核心理念，虽然其严苛程度和形式、手段可能不同。以"问责"理念主导的质量生成行动，遵循的是"外部质量问责"逻辑，并不能真正激发高校和教师在提高质量方面的内在动机，将质量理念内化为高校和教师自发的质量实践，促成人才培养质量有效生成。因此在高职专业建设及质量保障中，亟须转换人才培养质量生成逻辑，通过树立共享的质量目标愿景，建立问题发现和质量改进机制，培育与生成稳定、高效和有特色的质量文化。在"内部质量改进"逻辑下，高职专业师生内化质量理念，激发师生在提高质量方面的内在动机，逐渐生成全员参与、自身特色鲜明的质量文化，有效推动人才培养质量提升。

第三，优化高职专业质量管理机制。"质量治理"是高等教育"善治"的本真要义，其根本在于质量文化与质量精神的重新塑造。[③]高等教育质量治理需要多中心主体以信任合作为前提开展质量文化治理，各利益相关者群体合力持续追求质量改进与提高。对高职专业建设而言，亟须摆脱质量管理对质量主体

---

① 周应中.质量文化培育与生成：高职学校高水平建设的核心路径 [J].中国高教研究,2020(3):98-101.
② 陈忠根.高等职业教育质量观及其价值取向研究 [J].职业技术教育,2008(10):19-22.
③ 姚贵平.高职学校内部治理优化：制度建设与文化塑造 [J].职教论坛,2016(28):35-38.

的文化窠臼，通过构建多元参与、民主协商的质量治理机制，实现质量文化的有效建构，唤醒各质量主体对推动质量发展的责任意识，凝聚价值共识，消除价值分歧和利益冲突，促进形成共建共治共享的质量治理格局。

二、满足高职专业负责人的角色期待

高职专业质量文化是高职学校专业人才培养质量价值观念与制度规范的有机统一，提高人才培养质量的意识和理念在质量文化培育与生成中逐步内化为师生共同的价值追求，并转化为促进人才培养质量提升的有效力量。高职专业负责人，作为师资队伍的"领头羊"和专业建设的核心力量，本身就是专业组织的文化领袖，理应在专业质量文化培育与生成实践中发挥重要的领导作用。

（一）专业建设中高职专业负责人的角色期待

专业负责人在高职学校专业建设实践中应该承担哪些角色？学者们已经有较多研究成果。大多数研究都是采用质性分析的方法，先是搜集专业负责人岗位职责书、专业负责人管理办法等制度和文件，或是通过访谈法得到有关专业负责人岗位职责、角色定位等方面的文本资料，然后对文件或资料进行编码处理、整理分析、归类概况，最后再抽象归纳出专业负责人亟须履行的角色任务。本书根据需要不再从以上步骤展开，而是基于相关研究结论，来判定专业负责人在高职学校专业建设中所应担负的核心角色。相关研究结论要点如表 3-1所示。

表 3-1　专业建设中高职专业负责人角色任务研究结论一览

研究论文	刊物及期次	作者	研究结论要点
高职学校专业带头人建设机制研究	《高等工程教育研究》2011 年第 6 期	周建松	专业人才培养方案的主要设计者；专业教学核心课程的主要承担者；专业教学团队的主要组织者；科研和社会服务活动的主要带头者；学生职业生涯发展的主要引导者；专业教育教学资源的整合者

续表

研究论文	刊物及期次	作者	研究结论要点
转型发展背景下高职学校专业带头人角色定位的实证研究——基于对专业带头人岗位职责书的内容分析	《中国职业技术教育》2017 年第 15 期	王亚南	专业课程体系规划与设计；专业教学任务组织与实施；专业学习资源开发与整合；专业教学质量诊断与保障；专业教学团队打造与凝聚；专业文化塑造渗透；专业教学引领与示范；专业教学改革与创新；专业科研与社会服务引领
探究高职学校专业带头人在专业建设中应承担的角色	《林区教学》2012 年第 5 期	孙冠南	人才市场需求的跟踪者；合作企业的发掘者；人才培养模式的创新者；课程体系构建的组织者；课程建设的策划者；专业教学团队建设的督导者；校内实训基地建设的建议者
论高职学校专业带头人的定位与建设	《教育与职业》2010 年 3 月中旬刊	陈忠林	整合专业教师团队的力量；整合基础课教师的力量；整合班主任、辅导员的教育力量；整合专业学生的学习力；整合社会资源为专业建设服务
高职学校专业带头人的内涵及角色定位	《科技信息》2014 年第 2 期	陈新祥	学校文化的传播者；确定专业建设规划和人才培养目标；制定专业人才培养方案；加强师资队伍建设，组建一流的教学团队；参与实习实训基地建设；开展教科研活动；承担教学任务，推动教学改革，促进教学质量的提高
浅论示范性高职学校专业带头人队伍的建设	《教育与职业》2008 年 9 月中旬刊	易著梁	主持制定工学结合的人才培养方案；积极承担相关专业的教学任务；组织构建以工作过程为导向的专业课程体系，打造精品课程；建设"双师"结构的优秀教学团队并指导团队成员工作；组织实施本专业教学资源库的建设工作；组织教材建设工作；主持或参与校内外的实习实训基地建设；积极投入教学研究和技术应用研究工作；关心学生就业
浅谈专业带头人的培养、职责和素养	《卫生职业教育》2008 年第 23 期	褚静英	负责专业市场调研及相关文件的制定；负责主持本专业课程改革和建设、教材建设和教学质量工程项目；负责本专业师资队伍及学术梯队的建设；负责本专业校内外实验实训基地建设工作，开发本专业校企合作项目
高职高专院校专业带头人的角色定位与培养	《高教论坛》2010 年第 4 期	耿秀荣	制定专业发展规划；组建学术组织和专业团队；主持申报和完成专业项目；组织制订本专业的教学、研究计划；组织学术活动和学术交流；进行专业基地建设；参与专业制度建设和专业氛围营造

本书对表 3-1 所列的 8 篇相关研究论文中提出的 54 个结论要点进行归类概括（见表 3-2），认为高职学校专业建设中专业负责人的角色期待结果体现为 7 个方面：专业发展前瞻者、专业课程规划者、专业教学组织者、专业资源整合

者、专业团队打造者、专业质量守护者、专业文化引领者。

表 3-2　专业建设中高职专业负责人角色期待研究归类分析

角色任务研究结论要点	角色期待分析结果
人才市场需求的跟踪者；确定专业建设规划和人才培养目标；制定专业人才培养方案；制定专业发展规划；专业人才培养方案的主要设计者；负责专业市场调研及相关文件的制定；主持制定工学结合的人才培养方案；人才培养模式的创新者；主持申报和完成专业项目；学生职业生涯发展的主要引导者	专业发展前瞻者
专业课程体系规划与设计；课程体系构建的组织者；课程建设的策划者；组织构建以工作过程为导向的专业课程体系，打造精品课程；负责主持本专业课程改革和建设、教材建设和教学质量工程项目	专业课程规划者
专业教学任务组织与实施；专业教学改革与创新；专业教学团队打造与凝聚；专业教学引领与示范；组织制订本专业的教学、研究计划；组织学术活动和学术交流；开展教学科研活动；承担教学任务，推动教学改革，促进教学质量的提高；专业教学核心课程的主要承担者；积极承担相关专业的教学任务；组织实施本专业教学资源库的建设工作；组织教材建设工作；积极投入教学研究和技术应用研究工作；科研和社会服务活动的主要带头人；专业科研与社会服务引领	专业教学组织者
专业教育教学资源的整合者；专业学习资源开发与整合；合作企业的发掘者；整合社会资源为专业建设服务；负责本专业校内外实验实训基地建设工作，开发本专业校企合作项目；校内实训基地建设的建议者；进行专业基地建设；参与实习实训基地建设；主持或参与校内外的实习实训基地建设；整合专业学生的学习力	专业资源整合者
专业教学团队的主要组织者；专业教学团队建设的督导者；整合专业教师团队的力量；整合基础课教师的力量；整合班主任、辅导员的教育力量；加强师资队伍建设，组建一流的教学团队；组建学术组织和专业团队；建设"双师"结构的优秀教学团队并指导团队成员工作；负责本专业师资队伍及学术梯队的建设	专业团队打造者
专业教学质量诊断与保障；关心学生就业	专业质量守护者
专业文化塑造渗透；学校文化的传播者；参与专业制度建设和专业氛围营造	专业文化引领者

　　在分类概括中发现，相关研究对高职学校专业负责人角色任务研究结论要点相对集中，54 个要点完全可以纳入 7 个角色期待结论。当然，角色期待结论中的概念内涵界定要相对广泛，比如说"专业发展前瞻者"，涵盖人才市场需求调研、专业建设规划、人才培养方案制定、专业项目建设、学生职业生涯发展引导等内容；再如"专业教学组织者"，不仅指专业课程教学，还拓展到教学研究，乃至科研、社会服务，使用"大教学"概念。

　　总之，高职学校专业负责人是需要通过目标凝聚、愿景塑造、行动引领等方式，带领专业教学团队在专业规划发展、专业课程教学、专业资源整合、专

业团队建设、专业文化培育等方面有所作为的领导者。作为"领导者"的专业
负责人，所肩负的角色任务不再局限于个体层面，而是更多着眼于专业发展
层面。

（二）质量文化培育中高职专业负责人的角色期待

在对专业建设中高职专业负责人角色期待进行研究中发现，每一个角色期
待所属的基本角色任务所出现的频次不同，其中"专业质量守护者""专业文化
引领者"这两个角色期待所属的基本角色任务出现的频次相对较少，位于后两
位。由此说明，在过去，有关"专业质量""专业文化"等问题，虽然已经引起
职业教育理论和实践领域的关注，但是重视程度远远不够。本书认为，随着高
职学校专业建设核心地位的凸显，高职教育进入高质量发展阶段，社会对高职
人才培养质量提升的期望越来越强烈，专业建设中的"质量"问题会越来越被
看重，专业内涵建设毫无疑问地将继续强化。那么，作为"领导者"的专业负
责人，会肩负越来越多的质量守护重任。而在质量建设中，文化培育作为深层
路径，也必将引起更多关注。总之，高职学校专业建设中，重视并加快培育与
生成质量文化成为必然。

埃德加·沙因认为，"领导者是组织的文化领袖，是组织文化变革的关
键"[1]。他把组织文化的生命周期分为三个主要阶段：新概念的介绍、引进阶段；
文化的重估、扩展阶段；文化的巩固、适应阶段。组织文化变革和演化进程中，
领导者具有核心作用，他的文化领导力必将遭遇最严峻的考验。[2]同理，专业
负责人作为专业组织的文化领袖，发挥着重要的统领、促进作用，拥有质量文
化领导的内在必然和角色期待。

需要指出的是，本书分析高职专业负责人在质量文化培育中的角色期待，
并没有将其定位为"质量文化管理"。这是考虑专业负责人并非高职学校的行
政管理者，但是按照分布式领导理论"人人都是领导者"的观点，高职专业负

---

①　Schein, Edgar H. Organizational Culture and Leadership[M]. 2nd. ed. San Francisco: Joss-Bass, 1992: 321-333.

②　Schein, Edgar H. Organizational Culture and Leadership[M]. 2nd. ed. San Francisco: Joss-Bass, 1992: 321-333.

责人自然是"领导者",所以用"质量文化领导"更为合理。尤为重要的是,质量文化领导在理念和实践层面都蕴含了质量文化管理的合理成分,但又超越了质量文化管理。关于"质量文化领导"和"质量文化管理"的区别与联系,在前面对"质量文化领导"的概念界定中已经作过辨析和论述。当前,使用"质量文化领导"这一概念更为符合高职教育管理研究与实践领域的总体趋势。

第二节　高职专业负责人质量文化领导的本质与特征

在第一章第三节"概念界定"中提到质量文化可以分为自然形成和主动建设两种类型,也可以分为积极的和消极的两种类型,并且明确本书所指的质量文化培育指的是主动建设的积极的质量文化。高职专业质量文化培育,就是促使高职专业质量文化从自然形成状态,改变为自识、自觉、自主、自立的状态,形成主动建设的质量文化。当然,主动建设的质量文化并不是质量文化建设的最终目标,质量文化建设的最终目标是质量文化能够融入专业组织及其成员的日常工作之中,也就是达到自由或自在的状态。当质量文化进入自由或自在的状态之后,专业就不再需要强调质量文化建设了,表面上可能与自然形成的质量文化有相似之处,却提升了等级或层次。如果这样的质量文化不再适应专业发展的新需要,那就需要继续主动建设,不断提升质量文化的等级或层次。总之,高职学校专业质量文化培育与生成实质上是一个既连续不断,又带有阶段性的过程。

高职学校专业质量文化培育与生成是永无止境的动态过程,也是多主体发力、多因素综合的结果,专业负责人质量文化领导是高职学校专业质量文化培育与生成过程中不可或缺的力量。关于"高职专业负责人质量文化领导是什么",在对质量文化领导的概念界定及其与质量文化管理的内涵辨析中,虽然已经有所探讨,但还远远不够,需要进一步深入把握其本质和特征。

一、高职专业负责人质量文化领导的本质把握

在研究高职专业负责人质量文化领导这一主题时，常常会遇到一些质疑，比如，"专业负责人是领导吗""既然不是领导，又怎么能领导质量文化建设呢"，由此可见，对高职专业负责人质量文化领导的本质进行深入剖析非常重要。本书从学术领导和教育行政领导相区分的视角展开相关论述。

学术领导的概念是基于转化式领导、道德领导、分布式领导等领导理论提出来的，与基于传统领导理论的教育行政领导概念存在明显区别。区别主要体现在两方面：第一，学术领导的主体是流动的、不限于正式职位；行政领导的主体是相对固定的、有正式职位。教育行政领导者必须拥有一定的职位及权力，能影响决策和控制资源，一般指教育行政机构和被授权部门及个人，未被行政授权的机构及个人所实施的领导不能称为行政领导。[①]分布式领导理论强调领导活动是流动的、变化的，领导者不一定具有正式职位，"领导力是一种责任，一种不依赖于职位、权力、资源、财力的责任"[②]。国内领导理论同样认可领导者这种非正式任命、没有行政职位的可能性情况，"领导者可以是任命的，也可以是群众中由于卓越能力而涌现出来的"[③]。

第二，学术领导更依赖领导者的影响力，是非权力性的；行政领导则依赖职位权威与权力。行政领导策略是颁布法律和政策，委任各级领导层，然后自上而下贯彻执行。学术领导通过互动的作用，强调领导者的榜样示范与经验分享。从本质上说，学术领导是一种影响力，行政领导则是权力控制。

按照学术领导和教育行政领导的特征区分，高职专业负责人质量文化领导自然归属于学术领导，学术领导是高职专业负责人质量文化领导的本质。高职专业负责人是依赖学术权力，凭借自身的影响力开展质量文化领导的。

---

① 温恒福. 教育领导学 [M]. 北京：中国人民大学出版社,2011:9-10.
② 德鲁克基金会. 未来的领导者 [M]. 方海萍，等译. 北京：中国人民大学出版社,2006:Ⅱ-Ⅲ.
③ 刘银花，姜法奎. 领导科学 [M]. 大连：东北财经大学出版社,2002:75.

二、高职专业负责人质量文化领导的基本特征

近年来，我国高等教育领域越来越习惯于运用精细化和规范化的质量标准与规范程序不断强化质量保障的管理功能。但是，"以保障或管理来代替质量建设"的趋势，必将使质量发展本末倒置。[①]正是基于这样的背景，质量文化概念产生了，而且越来越受到重视。一般认为，质量文化和质量管理是共生关系，既有区别又相互联系。质量文化生成于质量管理，是质量管理追求的目标，但又是质量管理实施的手段，由此可见质量文化既是自变量，又是因变量。[②]高职专业负责人实施质量文化领导，其目的是引领或推动高职学校培育与生成质量文化。高职专业负责人质量文化领导是高职学校培育专业质量文化、实施专业质量管理的重要途径，具有示范性、综合性、稳定性、差异性等特征。

一是示范性。任何文化都内含价值，一旦形成就会产生导向性，使组织中个体的价值取向和组织价值取向趋于一致。质量文化也不例外，专业建设中培育生成的质量文化是积极的质量文化，不仅促进和推动专业教师不断增强质量意识，自觉树立质量第一的工作信念，而且使专业教师个体的人才培养质量观与专业的质量取向趋于一致。在专业建设中，高职专业负责人凭借自身的影响力，通过"言传身教""上行下效"等潜移默化的方式实施质量文化领导，这种影响力本身对专业教学团队中的其他成员具有引领性和榜样示范性。专业负责人的一言一行都会对专业教学团队的其他成员以及所在专业的学生产生或直接或间接，或积极或消极的影响。专业负责人质量文化领导就是专业负责人在日常的专业建设及质量管理过程中通过核心价值引领、质量理念共识和纪律规范渗透，向师生传递正向影响力，引起专业组织中的个体产生内在的文化心理效应的过程。

二是综合性。高职专业质量文化是复杂的文化现象，内涵相当丰富，按照对质量文化层次和要素的剖析结论可以得知，高职专业质量文化以质量为核心，

① 刘强 . 从质量管理到质量治理 : 高等教育质量发展的创新图景 [J]. 当代教育科学 ,2019(7):55–60.
② 周应中 . 质量文化培育与生成 : 高职学校高水平建设的核心路径 [J]. 中国高教研究 ,2020(3):98–101.

涵盖了精神、制度、行为、物质等方方面面，由此决定了高职专业负责人质量文化领导需要从各方面展开，具有综合性的特点。成功的高职专业负责人在领导专业建设、培育质量文化过程中一定是多种能力共同作用的结果。高职专业负责人质量文化领导不再局限于高职学校专业建设及质量管理的某一方面，而是体现在各个方面。

三是稳定性。个体行为以个体内在的综合素质和个性心理特征为基础，在某一阶段具有一定的稳定性。从长远看，高职专业负责人质量文化领导是不断改进、不断发展的，但在某一阶段，具有相对的稳定性，不因环境的变化而改变。一方面，质量文化领导是高职专业负责人在长期的实践探索、自我反思、培训提升的基础上，逐渐形成的固有风格和相对稳定的内在心理特征。另一方面，专业质量文化的内核与深层理念是人才培养质量观，在一定意义上具有相对持久的稳定性，质量文化反过来会形成"文化心理定势"，对高职专业负责人质量文化领导具有制约作用，决定其并不轻易改变，确保其稳定性特征。

四是差异性。高职专业负责人质量文化领导是高职专业负责人领导专业质量文化培育与生成的行为，这种行为具有同一的本质，但也具有迥异的特征。究其原因，一则每个专业依托的学校及院系环境与文化氛围不同，设置与建设历程不同，专业设置以来形成的人才培养价值观和质量意识不同，专业教学团队的构成、人员素质及心理背景不同，每个专业形成的质量文化并不一样。高职专业质量文化的独特性很多时候很难用语言准确描述，但的确存在。二则专业负责人的自身特质及行为方式不同，决定了高职专业负责人质量文化领导的差异性。

第三节　高职专业负责人质量文化领导的行为框架

专业负责人质量文化领导的出现是高职学校专业建设及人才培养活动复杂

性不断增加的结果，其根本目的在于更好地促进高职学校专业教学活动的实施和人才培养质量的提升，因此只有在促进专业建设及人才培养活动的过程中，高职专业负责人质量文化领导才能找到实施的必要性与维持存在的可能性。但是，现实中，高职专业负责人该如何实施质量文化领导呢？我们该如何评价高职专业负责人质量文化领导呢？这是实践中不得不思考的问题。要研究这些问题，前提是对高职专业负责人质量文化领导的行为框架进行理论探讨，只有搞清楚行为框架，才能为具体实施提供参考，为进一步研判现实状况奠定基础。

一、行为框架分析的依据及方法

在开展高职专业负责人质量文化领导行为框架分析之前，首先需要思考这一分析的可行性，也就是要寻找到行为框架分析的依据。笔者认为，依据主要体现在两方面。

第一，质量文化领导是高职专业负责人的知识、技能、态度、价值观和个人特质等潜在特质的外显行为。潜在特质很难进行观察和测量，但是潜在特质的外显行为可以通过外部观察来评价，因此可以说，质量文化领导行为是可以被观察和评价的。

第二，高职专业负责人质量文化领导行为是一个抽象的整体概念，虽然对抽象的整体概念进行整体性评价往往被认为很难操作、很不客观，但可以将抽象的整体概念分解为相对独立的可被观测到的具体行为。分析得到的有关具体行为的研究结论，为行为框架建构奠定了基础。

为了建构高职专业负责人质量文化领导行为框架，也就是了解高职专业负责人在质量文化培育与生成中应该表现出来的比较具体的领导行为，本书决定采用专家访谈法获得第一手资料，再运用建构扎根理论方法从访谈资料中提炼概括。建构扎根理论方法不推演研究者预设的抽象假设，而是通过对翔实的原始资料进行归纳、演绎、对比和分析，自下而上逐级提取概念、抽象层次，凝练和发展理论。

对资料三级编码是建构扎根理论方法最主要也是最关键的环节。第一级是开放式编码（Open Coding），研究者抛弃一切"定见"或"偏见"，登记所有文本，发现概念类属，并加以命名和确定类属；第二级是主轴编码（Axial Coding），发现和建立概念类属之间的各种联系；第三级是核心编码（Selective Coding），选择"核心类属"。[1]三级编码之后，一般要经过理论饱和度检验。扎根理论方法实施的一般流程如图 3-1 所示。

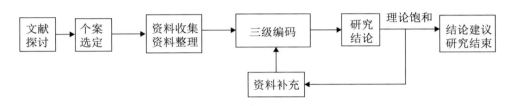

图 3-1　扎根理论方法的一般流程

资料来源：陈向明. 质的研究方法与社会科学研究[M]. 北京：教育科学出版社，2000：332-336.

本书中主要使用扎根理论方法开展高职专业负责人质量文化领导行为框架的理论建构。之所以如此选择，主要是因为这一方法已经具有完整的理论建构的方法论体系，应用于多个学科研究领域并取得了较好的效果，在社会科学领域产生了越来越广泛的影响力。本书认为，建构扎根理论方法可以成为对高职专业负责人质量文化领导进行有效解释的理论工具。

二、行为框架分析的过程及结论

建构扎根理论方法属于质性研究方法，特别强调从第一手资料入手，通过自下而上的建构，提取相关概念并于概念之间寻找相关性，在理论归纳总结的同时进行理论演绎。获取第一手资料是进行扎根理论分析的必要前提。之后按

---

[1]　陈向明. 扎根理论的思路和方法 [J]. 教育研究与实验 ,1999(4):58-63,73.

照扎根理论方法的常规操作步骤，进行开放式编码、主轴编码、核心编码，形成编码结果。再进行理论饱和度检验，形成研究结论，建构出高职学校专业负责人质量文化领导的行为框架。

（一）行为框架分析的基本过程

1.访谈实施

本书的第一手资料主要来自对 15 位受访专家的深度访谈记录。这 15 位访谈对象的身份主要为职教研究专家、高职学校校长（副校长）、教务处处长、二级院系负责人等。他们要么是职教研究者要么是职教管理者，故统称为职教专家。因为本书主题"质量文化领导"具有较强的学术性，只有面向职教专家开展访谈，才有可能获取有价值的资料，访谈法才具有可行性。为了能够获得具有代表性的访谈资料，本书从 ZJ 省四种不同"类型"的高职学校选择被试：国家高职"双高计划"建设学校、国家高职"双高计划"专业群建设学校[①]、省级优质高职学校、普通高职学校。所选取的学校都属于公办高职学校，大多为综合性高职学校，但也有艺术、体育、特殊教育等专门性高职学校，最大可能地涵盖专业种类。为保证被试对高职专业建设及质量管理都有一定程度的理解，15 位受访专家从事职教研究或职教管理的年限都不少于 10 年。在访谈中，笔者首先询问受访者的基本信息（包括年龄、从事职教研究或职教管理的年限等），然后对受访者进行询问并记录关键信息，最后对某些问题进行追问。每位专家访谈时间不受限制，为 1—2 个小时。访谈地点以安静、便利的原则选择小会议室或单人办公室。有关 15 位受访专家的基本信息，见附录 4。

访谈实施前，编制了"高职专业负责人质量文化领导研究"访谈提纲（见附录 1）。需要说明的是，由于"质量文化"和"质量文化领导"是紧密相关、不可分割的两个研究主题，甚至可以说对前者的认识和理解是对后者开展研究的必备前提，所以本轮访谈虽然以"质量文化领导"为重点，但不可避免地要

---

① 根据《国家职业教育改革实施方案》，教育部启动了国家高职"双高计划"，并于 2019 年 12 月公布了 197 家"双高计划"建设单位，其中 56 家为"双高计划"建设学校，141 家为"双高计划"专业群建设学校。

涉及"质量文化"相关问题。本书认为，访谈本身是采访者和受访者之间的互动，只有双方对"质量文化"有了一定程度的"共识"，才能为深入探究"质量文化领导"提供可能性。但是，采访者一定不能用带有主观意愿或个人偏见的话语引导受访者，要尽可能认真倾听受访者对高职专业负责人质量文化领导的认识和理解，获取具有重要价值的信息，确保研究质量。

正是基于以上考虑，本轮访谈有一个前置性部分，就是针对"高职专业质量文化"，询问一些相关的开放性问题，比如：您是如何看待质量文化培育在高职专业建设中的地位和作用的？您理想中的高职专业应该形成怎样的质量文化？您可以用您研究过或者您所在学校的某个专业的质量文化为例加以说明。紧接着，转入正题，围绕"高职专业负责人质量文化领导"询问相关的开放性问题，主要包括：您认为专业负责人在质量文化培育与生成中应该承担什么角色？您认为一个好的专业负责人和一个专业具有好的质量文化之间的关联度高不高？您认为您所了解过或者你们学校的专业负责人都发挥了他们应该具有的作用吗？您认为专业负责人应该如何领导质量文化培育与生成？您可以用1—2名您所了解的或者你们学校的专业负责人为例加以说明。

2.开放式编码

在访谈整理成文字后，开始对文本素材进行三级编码。随机抽取并预留3份访谈文本素材（占1/5）以供理论饱和度检验之用，对其他12份原始文本素材进行编码。首先进行开放式编码。在开放式编码中，将原始文本打散、赋予概念，然后重新组合。开放式编码一般分作两个步骤。第一个步骤是初始编码，剔除与研究问题无关的语句，对相关语句"逐行""逐句""逐段"编码。本书主要采取逐人编码的方法，也就是对受访专家JZ1的访谈资料编码，编号为JZ1-1、JZ1-2、JZ1-3……对受访专家JZ2的访谈资料编码，编号为JZ2-1、JZ2-2、JZ2-3……对受访专家JZ3的访谈资料编码，编号为JZ3-1、JZ3-2、JZ3-3……

通过对12位受访专家访谈资料的初始编码，累计抽取围绕"高职专业负责人质量文化领导"主题的初始概念387个。虽然访谈中围绕"高职专业质量文化"设计了一些前置性问题，但因这部分访谈互动的内容毕竟不属于直接相关于"高职专业负责人质量文化领导"的主题，所以基本没有纳入编码分析。初始编码如表 3-3 所示。

表 3-3　受访专家 JZ1 访谈资料（部分）的初始编码示例

原始访谈资料	初始概念
我想你肯定听到过一个词，"头雁效应"，我是前几天在微文中看到的。雁群在天空中飞翔，最重要的是领头雁。对一个专业来说，专业负责人就好比领头雁（JZ1-1），这一点我感受非常深刻。我担任我们学校教务处处长，30 多个专业，你能明显感觉到每个专业都不一样，这个不一样，有可能是专业本身的特点引起的，也可能是专业长期以来形成的风气引起的，有可能跟师资队伍的状况有关系，也有可能跟生源有关系，但很大程度上跟专业带头人有关系。一个专业各个方面的工作做得怎么样，专业在建设中取得的成果是多还是少，一个专业的师资队伍的敬业精神怎么样，一个专业的学风怎么样，一个专业各方面条件建设得怎么样，真的和专业带头人有很大关系（JZ1-2）。这个例子其实很好举。我们有一个专业，以前的带头人快退休了，很多工作都是应付，可能是心态吧，反正满腹牢骚，后来专业都快垮掉了啊，学校领导实在看不下去了，通过引进吧，从外校引进来一个专业带头人。这个带头人有责任心，也很有水平（JZ1-3）（JZ1-4），来了后不到两年时间，整个专业的面貌焕然一新了。这样说，不仅仅是专业上需要做的工作都能按时、认真完成，更重要的是我们觉得整个专业上的老师团队的状态发生了很大变化，就是明显感觉到老师们都积极上进了，对工作都负起责任多了（JZ1-5），团队也变得和谐了，没有什么叽叽歪歪的事情了，办什么事情大家一起想办法，心往一处想（JZ1-6）……我觉得这个带头人靠的是什么，一是靠带头作用，他自己的专业能力很强，科研能力也很强（JZ1-7），团队里的老师们佩服他啊，这是首先的，搞专业的人专业上不去，没人听你的。但是在一个团队，你光是自己强，还是不够的，你还要能带带大家，尤其是你是专业负责人的话，这一点更加重要了……二是要多操心了，专业上的事情其实也挺多的，"麻雀虽小，五脏俱全"，专业带头人要操心，如果事情不做，就永远积压在那里，越积越多，越多就越乱（JZ1-8），所以专业带头人要有好的工作习惯，思路要清楚，该咋做一清二楚（JZ1-9），思路清楚了就带领大家一起干（JZ1-10）……为啥要强调一起干呢，当负责人不能什么活都是自己干，能一起完成的工作最好一起干，这是因为我认为很多工作的话，在完成的时候，就是大家达成共识的时候。边完成任务，边达成共识，这是最重要的，甚至达成共识比完成任务更重要，因为前者是理念层面上的，后者是面上的（JZ1-11）。而且，如果脱离具体的工作任务，你想达成共识，还不容易呢！比如说，一个专业的人才培养方案，这个你可以	JZ1-1 专业负责人是领头雁 JZ1-2 专业建设成效和专业负责人有很大关系 JZ1-3 有责任心 JZ1-4 很有水平 JZ1-5 积极上进 JZ1-6 团队的凝聚力增强 JZ1-7 带头作用很强 JZ1-8 要多操心 JZ1-9 工作思路要清晰 JZ1-10 带领大家一起干 JZ1-11 达成共识是最重要的

续表

原始访谈资料	初始概念
看成就是完成一个文稿，对其简单化处理，那专业负责人自己写写，就完事了，但是在编制这个人才培养方案的过程中，最好是大家一起讨论讨论，在讨论中可以统一意见，形成的共同意见有利于以后执行（JZ1-12）。是啊，一个人才培养方案，会涉及一个专业的人才培养工作中很多事情，从定位到过程、到监测、到保障……可以想象，这样的事情和机会多了，一个团队的认识就逐步高度一致了（JZ1-13）……	JZ1-12 在讨论中统一意见 JZ1-13 从专业人才培养的定位、过程、监测、保障等各方面达成共识

初始编码之后，还需要进行范畴化，范畴化是开放式编码的第二步，是根据一定的原则将初始编码结果逐级"缩编"，"打破""揉碎"之后再重新整合，用范畴来真实反映文本内容。通过对初始编码得到的 387 个初始概念的多次整理与分析、不断比较，寻求其中的联结，得到 22 个范畴。这 22 个范畴分别为：定位人才培养目标、促进质量观共享、增强团队质量意识、研制专业教学标准、塑造学生职业精神、体现人文关怀、优化团队结构、组织项目合作、协调团队分工、推动校企合作、争取校内资源、统筹资源配置、师德师风建设、教学管理、开发与优化课程体系、塑造良好学风、诊断问题、运行监控、主动改善、教学改革先行、专业发展先行、彰显行业地位。范畴化如表 3-4 所示。

表 3-4 专家访谈资料的范畴化示例

初始概念	范畴
JZ1-13 从专业人才培养的定位、过程、监测、保障等各方面达成共识 JZ2-22 对行业及市场发展，对本专业人才类型与规格的需求有较好的研判 JZ3-9 团队成员要一起讨论专业人才培养方向 JZ3-11 高职的人才培养定位要准确，要和本科对比，而不是照搬本科 JZ4-9 能够根据行业及市场人才需求变化及时提出人才培养目标调整方向和具体定位 JZ4-20 目标定位不对会导致整个人才培养方案出问题 JZ5-2 专业人才培养目标定位准确是讨论质量的前提 JZ5-3 人才培养目标在先，然后才能研制具体的标准 JZ5-5 对其他学校相关专业建设及人才培养比较了解 JZ6-11 专业人才培养目标要清晰 JZ6-12 专业人才培养目标要准确 JZ6-14 对所在专业的行业及市场发展趋势有比较清晰的了解和认识 ……	定位人才培养目标

3.主轴编码

主轴编码采用"因果条件—理论现象—脉络背景—中介条件—行动/互动策略—结果"的典型逻辑范式，对经过初步概念化和范畴化之后得来的范畴进一步分析，寻找范畴之间的内在联系，发展出主范畴。这一过程本质上仍然是在发展范畴，只不过范畴性质、内涵及概括程度要比当前的分析结果更进一步。

在此阶段，通过对 22 个范畴的内涵分析，不断挖掘各范畴之间的关系，寻找彼此关联，通过整理、分析、归类和赋予类属，一共确定了 6 个主范畴：质量愿景塑造、团队合力凝聚、教学资源整合、课程教学组织、质量绩效改进、专业发展引领。范畴发展与主轴编码如表 3-5 所示。

表 3-5　范畴发展与主轴编码一览

范　畴	主范畴	主范畴的性质
定位人才培养目标	质量愿景塑造	专业负责人带领专业教学团队明确人才培养目标并逐步形成质量的共同愿景
促进质量观共享		
增强团队质量意识		
研制专业教学标准		
塑造学生职业精神		
体现人文关怀	团队合力凝聚	专业负责人注重团队建设，逐步增强团队凝聚力，形成团队发展合力
优化团队结构		
组织项目合作		
协调团队分工		
推动校企合作	教学资源整合	专业负责人尽自己的努力，利用和整合校内校外的教学资源
争取校内资源		
统筹资源配置		
师德师风建设	课程教学组织	专业负责人在专业教学和课程建设中尽职尽责
教学管理		
开发与优化课程体系		
塑造良好学风		
诊断问题	质量绩效改进	专业负责人带领专业教学团队主动诊断质量问题并采取措施加以改进提高
运行监控		
主动改善		

范　畴	主范畴	主范畴的性质
教学改革先行		
专业发展先行	专业发展引领	专业负责人通过自身专业实力发挥引领作用
彰显行业地位		

4.核心编码

核心编码的最终目的是识别和选择出一个能够统领主轴编码得来的所有范畴的"核心范畴",这个"核心范畴"能够将所有主范畴紧密串联起来。通过对专家访谈文本素材的开放式编码和主轴编码,经过深入分析之后发现,高职专业负责人质量文化领导从长度上看贯穿在专业质量管理始终,从横向上看涵盖了专业质量建设中的愿景、团队、资源、组织、绩效等各个方面,但究其核心,就是高职专业负责人的人才培养质量观。高职专业负责人在质量文化培育与生成中的所有领导行动,都是受其人才培养质量观的主导与支配的。高职专业负责人的人才培养质量观,渗透在其质量文化领导行为的方方面面。因此,"高职专业负责人的人才培养质量观"就是要确定的核心编码,这一"核心范畴"统领了6个主范畴。

5.理论饱和度检验

通过对12份受访专家的原始访谈文本资料的三级编码分析,得出387个初始概念,并进而提取了22个范畴、6个主范畴、1个核心范畴。本书接着使用预留的3份受访专家的原始访谈文本资料进行理论饱和度检验。对3份原始文本进行开放式编码,得到了31个初始概念,但是通过范畴化发现,这31个初始概念完全可以纳入已经提取到的22个范畴之中,同样也可以纳入已经提取到的6个主范畴、1个核心范畴之中。由此可以说明,前面从12份受访专家的原始访谈文本资料通过三级编码提取的22个范畴、6个主范畴、1个核心范畴是完整的,新的范畴及关系并未出现,由此可以证明理论构建的饱和度。

（二）行为框架分析的结果及讨论

对15位专家访谈资料编码分析得到的"初始概念"和"范畴""主范

畴""核心范畴",让我们对高职专业负责人质量文化领导有了比较深入的了解。高职专业负责人是在自己的人才培养质量观主导下,实施质量文化领导行为。无论是专业负责人自身还是专业教学团队成员有没有意识到或感受到这种领导行为,但它实际上在发生。如何建构这种领导行为的基本框架?本书认为可以把编码分析得到的 1 个核心范畴作为 1 个行为核心,6 个主范畴作为 6 个行为领域,22 个范畴作为 22 个行为维度,以 1 个行为核心、6 个行为领域和 22 个行为维度建构高职专业负责人质量文化领导行为框架。

以 1 个行为核心、6 个行为领域和 22 个行为维度建构的行为框架,虽然可以帮助我们深化对高职专业负责人质量文化领导行为的认识,但是仍然存在过于抽象、过于笼统的问题,还是不能诠释清楚质量文化领导行为。为了能够进一步具体阐释清楚每一行为维度的含义,还需要对每一行为维度具体分解行为要素。如何分解行为要素?这让我们想到了三级编码过程中得到的 418 个初始概念(包含理论饱和度检验中得到的 31 个初始编码),可以说这是对高职专业负责人质量文化领导行动维度最生动、最具体的体现。但是,这 418 个初始概念,提取自不同专家的访谈文本,存在零散、重合等问题,肯定需要进一步整合和加工。于是,本书按照紧紧围绕阐释行为维度的原则,对 418 个初始概念抽取和整合,围绕每一行为维度("范畴")形成了 3—6 个具体的行为要素,一共整合出 97 个具体的行为要素。

经过整合之后,本书围绕高职专业负责人质量文化领导,分解与剖析出了 1 个行为核心、6 个行为领域、22 个行为维度、97 个行为要素,构成了较为完善的高职专业负责人质量文化领导行为框架,对高职专业负责人质量文化领导行为的"理想状态"作出了较为全面且深入的阐释。为了更直观表达行为框架研究结论,本书绘制了行为框架示意图(见图 3-2)和行为框架示意表(见表 3-6)。

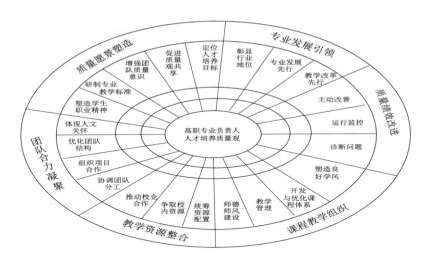

图 3-2　高职专业负责人质量文化领导行为框架示意

表 3-6　高职专业负责人质量文化领导行为框架示意

行为领域	行为维度	行为要素
质量愿景塑造	定位人才培养目标	比较清晰地了解和认识所在专业的行业及市场发展趋势
		能较好地研判行业及市场发展对本专业人才类型与规格的需求
		根据人才需求变化及时提出人才培养目标调整方向和具体定位
		对其他学校相关专业建设及人才培养状况比较了解
		通过与其他学校同类专业对比分析，准确定位本专业的比较优势与特色
		对本专业毕业生的职业素养和核心竞争力具有清晰的认识
		对本专业人才培养的未来方向具有清晰的思路
	促进质量观共享	比较熟悉国内外先进的职业教育人才培养理念
		较好地理解与把握当前国家职业教育政策与战略方向
		对本专业人才培养质量观有清晰且合理的理解
		通过教研会或其他形式，向本专业师资分享自身的人才培养质量观
		在本专业人才培养方案中有明确且合理的人才培养质量规格标准
	增强团队质量意识	通过多种途径了解本专业人才培养与教育教学的真实情况
		及时发现专业人才培养与教育教学过程中存在的质量隐患
		通过听课、评课或召开学生座谈会等形式了解专业教学团队的教学效果
		通过教研会或其他形式经常组织本专业教学团队讨论人才培养质量问题

续表

行为领域	行为维度	行为要素
质量愿景塑造	研制专业教学标准	带领本专业教学团队积极参与国家或省级或校级专业教学标准研制工作
		通过教研会或其他形式，组织本专业教学团队研讨、学习国家或省级或校级专业教学标准
		能够带领本专业教学团队依据国家或省级或校级专业教学标准研制（修订）本专业人才培养方案
		带领本专业教学团队在领会、贯彻国家或省级或校级专业教学标准的基础上，对本专业人才培养特色有清晰的认识或明确的共识
		依据专业教学标准，将本专业人才培养方案及目标达成情况与其他学校同类专业做对比分析
	塑造学生职业精神	将行业的职业素质标准贯彻到专业人才培养过程中
		邀请优秀校友或行业企业专家为本专业学生开设讲座，传递行业优秀文化和企业文化
		邀请技艺大师和本专业学生深入交流，讲述"自己的故事"，传递"工匠精神"
		引导本专业教学团队将职业精神和职业习惯的养成教育贯穿于日常教学
团队合力凝聚	体现人文关怀	在专业教学团队的管理中，秉持和谐理念，构建温馨互助的工作环境
		和专业教学团队其他成员经常积极沟通，了解思想动态
		组织本专业教学团队成员开展一些正式或非正式的集体活动
		关心专业教学团队其他成员的家庭和生活状况，给予力所能及的帮助
		尊重专业教学团队其他成员自身的发展需求，给予力所能及的帮助
	优化团队结构	对本专业教学团队构成有比较清楚的规划，及时向所在教学单位和学校人事部门提出进人需求
		根据专业建设和人才培养的需要以及专业教师自身特长，帮助专业教学团队其他成员确定发展方向
		充分发挥每位成员的优势特长，努力打造优势互补、互相支持的专业教学团队
		根据专业教学需要，多方联系和邀请外聘教师，促进专业教学团队结构合理化
		沟通和了解团队成员的专业发展规划，尽可能提供更多的指导和帮助
	组织项目合作	定期组织召开教研活动，或通过其他多种途径经常研讨专业建设、人才培养、教科研项目、团队发展等方面的问题
		带领整个专业教学团队积极开展教科研课题或项目研究，经常研讨，分工完成
		根据专业人才培养实际需求，带领专业教学团队积极和校外企业单位洽谈合作，争取横向项目或产学合作项目
		在教科研课题或项目合作研究中，提升整个专业教学团队的能力素养
	协调团队分工	依据团队成员的专业背景及特长，进行合理分工与协调
		对团队中某位成员因客观或主观原因不能完成应该完成的任务，能够自主或安排别的成员及时"补台"
		在涉及本专业教学团队相关利益分配时，能够秉持公平、公正、公开的原则，打破"大锅饭"，体现"多劳多得"
		在领导专业建设及人才培养工作过程中获得专业教学团队较大程度的认同与支持

续表

行为领域	行为维度	行为要素
教学资源整合	推动校企合作	能够寻求并同相关企业建立友好的、稳固的互助合作关系
		主动沟通交流并努力获得行业企业对专业建设和人才培养的支持与帮助
		在专业人才培养方案的整体开发中善于积极吸纳行业企业的优质教学资源
		积极联系邀请行业、企业技术能手，到本专业兼职教学
		有效整合学校教育与企业学习，保证学生学习过程的连贯统一
	争取校内资源	向学校领导及本专业所在的教学院系清晰阐述本专业发展规划，争取校级层面及院系层面对专业发展的认可与支持
		向学校积极申报各类专业建设项目，逐步改造提升专业教学条件
		同校内相关专业开展各种形式的合作，积极吸纳校内相关专业的优质教学资源
		充分利用校内或教学院系内公共教学资源平台，为本专业人才培养提供充足资源条件
	统筹资源配置	对本专业已经拥有的、能够利用的教学资源条件比较清楚
		根据本专业发展规划，对教学资源建设具有比较清晰的总体思路，能够形成教学资源建设方案
		根据专业建设和人才培养的需要，统筹协调好人、财、物等校内外教学资源
		针对本专业教学资源不足的现状，能够带领本专业教学团队想方设法寻求支持
		能够带领专业教学团队开发相关教学资源，及时改善资源缺乏问题
课程教学组织	师德师风建设	身先示范，自身保持良好的师德师风
		通过多种方式，和本专业教学团队成员开展师德师风方面的研讨，凝聚师德师风建设方面的共识
		向专业教学团队成员群体积极传递尊重学生、热爱学生的价值观念
		及时发现团队成员教学过程中的一些不良行为并及时制止
	教学管理	身先示范，带领本专业教师认真遵守学校各项教学管理制度
		在学校制度的大框架下，与本专业教师研讨制定符合本专业实际的相关教学管理制度
		在日常教学管理中，本着严肃、认真的原则，对不良现象敢于指出来
		科学合理规划学生的实践教学环境，保障实践教学质量
	开发与优化课程体系	对接社会人才需求做好课程体系的顶层设计
		整合资源与企业共同组织课程开发
		带领本专业教学团队不断优化课程教学内容，改进教学方法
		根据市场人才需求的变化及时调整优化课程体系
		按照理实一体化的要求组织开发教材资源
		有效组织和指导专业教学团队进行信息化教学资源的开发建设
	塑造良好学风	在专业人才培养中重视学风建设，通过选树典型、树立榜样等方法推动学风建设
		坚持严格的质量标准帮助学生养成良好的学习态度与习惯
		重视分析研判不良学风产生的原因并及时扭转
		对学风建设中的不良"苗头"能够及时发现并采取遏制措施
质量绩效改进	诊断问题	对专业建设和人才培养工作具有较强的问题意识
		调研分析教学现状并梳理剖析人才培养中存在的"瓶颈"问题
		多种途径了解人才培养中的质量隐患并诊断成因
		组织行业企业专家，一起研讨专业建设及人才培养中存在的问题

续表

行为领域	行为维度	行为要素
质量绩效改进	运行监控	把握教育教学的整体运行节奏并掌控、调节教学进度
		多种途径了解教师及团队教学工作完成和业绩情况
		对相关专业建设任务及人才培养工作及时跟踪与监控
		对专业建设及人才培养工作出现的偏差及时修正
	主动改善	针对专业建设及人才培养中存在的质量隐患积极消除或改革
		积极组织专业教学团队集体商讨教学质量改进与提升问题
		带领专业教学团队积极向专家请教如何改进专业建设及人才培养
专业发展引领	教学改革先行	勇于尝试新的教学方法和模式，在教学改革中身先示范
		主动学习、吸纳新的教学改革理念与方法，勇于尝试创新
		勤于总结个人在教学改革中的心得体会，及时与团队成员分享交流
	专业发展先行	具有较强的专业发展积极性和自觉性，有比较明确的专业发展规划
		个人的专业发展成绩较为显著
		引领与激发专业教学团队其他成员主动、积极学习，促进自身发展
	彰显行业地位	在专业知识和技能掌握上具有较强实力，在行业中处于较高水平，得到行业、企业的认可
		带领团队成员和行业企业多接触
		积极为团队成员到行业企业实践锻炼、提升专业技能搭建平台
		自己或带领专业教学团队发挥专业特长，服务行业企业发展
		在行业组织或专业协会中，担任一定的兼职，积极参与行业活动

分解与整合之后得知，高职专业负责人质量文化领导行为围绕自身的人才培养质量观，可以体现在质量愿景塑造、团队合力凝聚、教学资源整合、课程教学组织、质量绩效改进、专业发展引领 6 个领域。在每个领域，专业负责人的质量文化领导行为又分布在 3 至 5 个维度。

（1）质量愿景塑造。质量愿景体现的是高职学校专业负责人及专业教学团队的质量意识和质量观念，具体分解为定位人才培养目标、促进质量观共享、增强团队质量意识、研制专业教学标准、塑造学生职业精神 5 个维度。高职专业负责人塑造专业的质量愿景，首先是自己要对目前行业及市场发展趋势和专业人才培养目标有清晰的认识，要有正确的人才培养价值观、质量观和强烈的质量意识，还要带动整个专业教学团队共享质量观。

（2）团队合力凝聚。专业负责人是高职学校专业教学团队的核心人物，是队伍的"领头羊"。凝聚团队合力是专业负责人发挥领导作用的重要领域之一，其中具体分解为体现人文关怀、优化团队结构、组织项目合作、协调团队分工 4 个维度。专业负责人凭借的不是行政权力，他的领导方式往往是非正式、"朋友式"的，但是好的专业负责人应具有责任意识和担当意识，对整个团队建设起着主要作用。

（3）教学资源整合。质量文化的物质层面是基础性层面，决定了高职专业质量建设中教学资源的重要性。专业负责人营造质量文化，推进质量建设，需要整合校内外教学资源，教学资源的吸纳和统筹是衡量高职学校专业负责人质量文化领导水平的重要维度。教学资源整合领域具体分解为推动校企合作、争取校内资源、统筹资源配置3个维度。

（4）课程教学组织。高职专业教育以人才培养为核心，课程及教学是人才培养的主要载体，课程建设和教学组织自然成为高职学校专业负责人重点要行动的领域。与之紧密相关的还有师德师风和学风建设。因此，这一领域具体分解为师德师风建设、教学管理、开发与优化课程体系、塑造良好学风4个维度。

（5）质量绩效改进。正如前面的分析，质量文化营造并非一蹴而就的过程，而是在不断地诊断、改进的过程中生成的。在高职专业质量文化营造中，专业负责人要抱有文化培育的心态，从自己做起，并带领团队在反思、诊断、监控、改善中提高质量绩效。这一领域具体分解为诊断问题、运行监控、主动改善3个维度。

（6）专业发展引领。在本质和特征的分析中已经明确，专业负责人是依靠影响力和示范性实施质量文化领导的，这决定了专业负责人自身的专业发展引领非常重要。专业负责人要能在教育教学改革中身先示范、提升自己的专业成长并彰显行业影响力，也要能引领整个团队成长。这一领域具体分解为教学改革先行、专业发展先行、彰显行业地位3个维度。

总之，高职专业负责人质量文化领导行为框架的核心要义和高职专业负责人质量文化领导的本质与特征是相符合的。行为框架体现了高职学校专业负责人在自身的"人才培养质量观"主导之下，实施质量文化领导的基本要求，是"高职专业负责人质量文化领导"这一抽象概念的具体化。行为框架研究为开展高职专业负责人履行质量文化领导职责的现状研究提供了依据和视角，也为高职专业负责人实施和改进质量文化领导提供了基本思路。

第四章

高职专业负责人质量文化领导的现状调研

所谓高职专业负责人质量文化领导现状，指的是高职学校专业负责人履行质量文化领导职责的水平及效能现状，不包含其他内涵。深入了解当前高职专业负责人质量文化领导现状，是针对专业负责人履行质量文化领导职责行为中存在的问题提出相应改进与提升对策建议的前提基础。正因如此，本书决定以部分高职学校专业负责人为样本，试图对当前高职专业负责人履行质量文化领导职责的客观现状进行深入调研。为了能够达成深入了解客观现状的研究目标，本书调研先采用访谈法，再采用问卷法。之所以兼用访谈和问卷这两种方法，主要是因为两者各有优缺点，两者兼用可以取长补短、互为补充，以期得出较为全面、客观、深入的结论。

第一节　高职专业负责人质量文化领导现状的质性访谈

一、访谈目的与提纲编制

（一）访谈目的

按照研究目的及方案，本部分调研采用访谈法进行质性研究，先是设计出半结构化访谈提纲，再面向专业负责人开展访谈。访谈法的主要优点在于具有较好的灵活性和适应性，可以根据受访对象的回答及时作出调整或作进一步的追问，以获取更多的信息并对含糊不清的问题作出解释，能够比较深入地了解所研究的问题。

从前文剖析并建构的高职学校专业负责人质量文化领导行为框架可以知道，高职专业负责人需要在自身的人才培养质量观引领下，从"质量愿景塑造""团队合力凝聚""教学资源整合""课程教学组织""质量绩效改进""专业发展引领"6个维度实施质量文化领导。这6个维度是对高职专业负责人质量文化领导行为的具体分解，建构了高职专业负责人质量文化领导的"应然"模型，但是专业负责人质量文化领导的"实然"状况如何，就是质性访谈的目的。具体来说，访谈目的可以分作三个问题：其一，当前高职专业负责人实施质量文化领导的总体水平如何？其二，高职专业负责人在创新人才培养质量观并将之渗透到专业质量文化培育中的意识、行动与成效如何？其三，高职专业负责人在实施质量文化领导中，哪些方面做得比较好，哪些方面做得比较差？

另外，在运用访谈法中，考虑到研究对象是高职专业负责人，如果访谈对象仅仅是高职专业负责人，也就是全部采取自我评价的方式，势必不能全面、真实地了解现状。因此，本书在质性访谈中，除了面向专业负责人开展访谈，还面向普通教师、行政管理人员进行了补充访谈。

（二）访谈提纲编制

在质性访谈中，按照360度反馈技术思路，笔者编制了"高职专业负责人质量文化领导现状与影响因素研究"访谈及补充访谈提纲（见附录2），从多角度多层面开展访谈。访谈对象为高职学校专业负责人，补充访谈对象为普通教师和学校行政管理人员，一共三类人群。主要采取的是半结构性访谈的方式，访谈内容主要围绕高职专业负责人质量文化领导的现实状况这一话题（访谈的另一话题主要围绕高职专业负责人质量文化领导的影响因素，将在下一章论述），试图通过访谈比较深入地了解高职专业负责人质量文化领导实践的"实然"样态。

在对专业负责人的访谈中，在了解个人信息之后，开始深度访谈和行为事件访谈。深度访谈的问题主要包括：请问您是如何看待质量文化培育在高职专业建设中的地位和作用的？您是如何理解高职专业质量文化的内涵的？您对自己所在专业的人才培养目标和人才培养质量是怎样理解的？您自己或者您所在学校的专业负责人在专业质量文化培育中的作用发挥情况如何？您或您所在学校的专业负责人是如何在专业质量文化培育中发挥作用的？您自己或您所在学校的专业负责人，在统领专业质量文化培育与生成过程中，哪些方面做得比较好，哪些方面做得比较差？在关键事件访谈中，请专业负责人回想自己在承担专业建设统领工作中，印象最深刻的曾经发生的与专业质量文化建设有关的比较重要的工作事例。

在对普通教师的补充访谈中，在了解个人信息之后，开始深度访谈和行为事件访谈。深度访谈的问题主要包括：请问您是如何看待质量文化培育在高职专业建设中的地位和作用的？您是如何理解高职专业质量文化的内涵的？您所在专业或所在学校的专业负责人在专业质量文化培育中的作用发挥情况如何？您对自己所在专业和所在学校的专业负责人，在质量文化培育中有什么期待？您所在专业或所在学校的专业负责人，在统领专业质量文化培育与生成过程中，哪些方面做得比较好，哪些方面做得比较差？在关键事件访谈中，请他描述一件他所在专业的负责人或所在学校的某位专业负责人在领导质量文化培育中，给他留下印象最深刻的工作事例。

在对行政管理人员的补充访谈中，在了解个人信息之后，开始深度访谈和行为事件访谈。深度访谈的问题主要包括：请问您是如何看待质量文化培育在高职专业建设中的地位和作用的？您是如何理解高职专业质量文化的内涵的？您所在学校的专业负责人在专业质量文化培育中的作用发挥情况如何？您对自己所在学校的专业负责人在质量文化培育中有什么期待？您所在学校的专业负责人，在统领专业质量文化培育与生成过程中，哪些方面做得比较好，哪些方面做得比较差？在关键事件访谈中，请他描述一件他所在学校的某位专业负责人在领导质量文化培育中给他留下印象最深刻的工作事例。

二、访谈对象及访谈情况

本书在 3 个省市的 9 所高职学校中开展访谈调查。3 个省市分别处于我国东、中、西部地区，每个省市各选择了 3 所高职学校，这 3 所高职学校分别是国家级"示范校""骨干校""优质校"或"双高计划"入选院校、省级"示范校""骨干校""优质校"或"双高计划"入选院校、没有入选过国家级或省级"示范校""骨干校""优质校"或"双高计划"的院校各 1 所。之所以要在不同区域选择近年来获评称号不同的院校进行访谈，主要是因为不同区域、不同获评称号基本可以反映我国高职学校不同的发展情况或阶段，而通过对不同发展情况或阶段的高职学校的调研，可以较为全面地掌握高职专业负责人质量文化领导实践的真实样态。按照每所高职学校专业负责人访谈对象 3—4 位，普通教师或行政管理人员补充访谈 1—2 位的原则，依靠熟人介绍，再适当考虑性别、职称、岗位年限等因素，遴选了访谈对象。接受访谈的人员共有 49 位，其中专业负责人 30 位，普通教师 9 位，行政管理人员 10 位。受访院校及访谈对象的统计学指标详见附录 4。

访谈及补充访谈都采用面谈和电话访谈两种方式。在访谈中，首先征求受访对象意见，询问是否能够录音，再询问受访者的基本信息（包括年龄、职称、担任专业负责人、教师或从事行政管理的年限等）。然后再对受访者进行询问并记录关键信息，最后对某些问题进行追问。每位受访对象访谈时间不受限制，一般为 1—2 个小时。由于"高职专业负责人质量文化领导的现实状况"和"高职专业负责人质量文化领导的影响因素"是两个紧密相关的主题，所以按照研究方案设计，笔者对每位受访对象的访谈都包含这两个主题，也就是说这里的 1—2 个小时的访谈时间包含对这两个主题的访谈时间。

三、访谈调查的结果及分析

访谈调查之后，笔者进行了访谈资料整理，较为真切地感受到高职学校专业负责人本人以及普通教师、行政管理人员对专业负责人质量文化领导内涵和意义的认识以及专业负责人质量文化领导的现状。对访谈文本进行了编号，主要采取逐人逐段编号的方法，比如说对第 1 位受访专业负责人第 2 片段访谈资料的编号就是 ZF1-2，对第 2 位受访专业负责人第 1 片段访谈资料的编号就是 ZF2-1……同样，对第 1 位受访普通教师第 2 片段访谈资料的编号就是 JS1-2，对第 1 位受访行政管理人员第 2 片段访谈资料的编号就是 XZ1-2……

在访谈资料整理中，将每位受访对象的各个片段访谈资料归入不同的主题，便于后续进一步归纳分析。根据访谈目的及得来的访谈资料实际，各个片段访谈资料大致被纳入 4 个主题：对专业负责人质量文化领导内涵和意义的总体认识、对所在专业人才培养目标和人才培养质量的总体认识、对专业负责人质量文化领导现状水平的认识及比较、与专业负责人质量文化领导相关的印象最深刻的工作事例。访谈片段如表 4-1 至表 4-4 所示。

表 4-1 高职专业负责人质量文化领导现状访谈片段文本示例（一）
（对专业负责人质量文化领导内涵和意义的总体认识）

你跟我谈质量文化啊，这个我用理论的话语有些说不好，但是我觉得它很重要，因为这些年我们高职学校太重视质量了，什么人才培养质量啦，课堂教学质量啦，学校领导大会小会都强调很多，外面请来的专家学者都要讲质量。我想质量文化肯定是以质量为基础的吧，我不知理解得对不对，质量文化就是大家对质量的共同认识，只要有了共同认识，大家心往一处想，劲往一处使，肯定质量就上去了，学生就培养得好了。（ZF2-10）

我们专业负责人承担着很多事情、很多工作，但是没有明确的任务说是做质量文化的，也许它就是包含在我们每天的忙碌之中吧。我明白，你搞的是学术，你研究的这个问题肯定跟我的工作相关。我也能感觉到它很重要。不过现实之中呢，我们学校，现在还没有提这方面咋建设，对我们专业负责人也还没有在这方面的明确要求。就我个人了解的其他学校，也应该是这种情况，因为我们不同学校之间的专业负责人也是有一些交流的，大致什么情况都是知道的，不能说完全一样，但是肯定是大体一致。（ZF17-3）

我们专业的负责人是很负责任的，我觉得她很操心的。关于质量文化，我之前在听讲座的时候听过，但我认为学校并不重视，因为没有文件要求在这一块做什么，所以从专业上来说，也不会重视的。这个东西其实很重要，但是绝对是软性的，不可能立竿见影的，在这个功利化时代一般不会真正采取措施。但我个人认为学校应该抓一抓这方面工作，这样我们专业负责人肯定会重视这项工作。要是我们专业的质量文化好了，我们的学生才能培养得好，我们的专业才能大有前途。（JS5-6）

我是教务处处长，我当然对职业教育理论有所了解，对专业建设也比较知道。我们学校比较重视专业建设，对专业负责人也是高看一眼的。从理论上说，每个专业都应该配备专业负责人，但是因为某种需要，想成为专业负责人都需要达到一定的资格条件。现在学校里大多专业都有符合条件的专业负责人，但也有一些专业因为是新建的，老师们都还"嫩"，所以就指定的是临时负责人。但不管怎么说，不论是正式的，还是临时的，专业负责人都还是很上心的，对质量很重视的，专业上的各种事情还是抓得很牢。我认为专业负责人要想把工作做好，把专业建设做好，把人才培养质量提高，关键是要把整个专业上的师资团队整合好，或许这就是质量文化吧。（XZ4-8）
……

表4-2　高职专业负责人质量文化领导现状访谈片段文本示例（二）
（对所在专业人才培养目标和人才培养质量的总体认识）

我觉得像我们高职学校键盘专业、钢琴专业毕业的一些学生，毕业出去做演奏家是不可能的，去高校做老师也没有的，因为这个学历层次，更多是到社会音乐普及教育，或者叫钢琴普及教育这样的工作他们是可以胜任的，社会音乐，比方说社会培训机构，或者是一些少年宫，或者说可能是到一些企业做企业文化……社会需要各式各样，形形色色，各种层次，你不可能叫一个钢琴演出家到下面，到乡文化站去给他们辅导什么节目，所以我们的定位，首先要定位这样，有了这样一个，你培养的人出去，到哪些岗位上去，那么有了这些岗位，再反过头来，这个岗位对我们这个学生专业能力的一个要求，如果我们还用象牙塔式这种，一味追求高精尖的标准来要求我们的学生，就不太合适。我认为我们这边学生，在钢琴专业里面，或者在音乐表演专业里面，应该需要更多获得学习能力，或者说正确学习的方法，这个是很重要的。（ZF12-19）

我前些年很失望的，觉得我们的学生是越来越差了，差的有时候感觉没办法教，你想啊，录取的时候分数低，都是大学考不上的才到我们职业院校里面来，上课的时候也不安分，但这几年我的认识也慢慢扭转过来了，我们的学生主要是需要培养动手操作能力，就像我们专业，主要培养机电产品生产、安装等岗位的一线人员，学生肯干、认真干、有耐心干才是第一位的，理论学习是需要的，但实践能力最重要，而且实践能力提高了，学生有了兴趣，理论上也可以慢慢悟出来的……（ZF23-15）

负责一个专业的话，把目标搞清楚，还是很重要的，不仅是自己搞清楚，自己专业上的老师都要清楚。只有目标清楚了，大家都认同了，很多事情才好统一。像我们专业到底培养什么样的人，其实是有争议的。我们的专业名称准确说是公共文化服务与管理，但这个专业的人才培养目标，至少有两个方向：一是主要培养学生的舞台表演能力，学生在音乐、舞蹈、美术、设计等方面精通，要能上台表演，自己不能上台怎么能辅导群众文化活动呢？至于管理方面的知识和能力，比如写写文案、做做策划，当然要培养，但不是上学时候的主要任务，等以后走上工作岗位了再慢慢提高。二是我们的学生不是专门的舞蹈、音乐表演专业的，这方面的能力要培养，但有些基础就行了，不一定要真正上台，上台也无法和专业演员相比较，要注重培养管理和策划、编排能力，这样到县乡的文化站才能派得上用场……这两个方向其实都有道理，两种能力都需要，但关键是在有限的三年时间里重点培养哪个的问题，但是好几年了，我们专业其实还没有确定下来，确定不下来，在专业上很多事情的安排上就有些难办，甚至是专业课都不好确定。我作为专业负责人，不是不想确定，但我自己也觉得难以取舍，有时候会有摇摆，而且也不是我一个人的事情，学校领导和系里的领导应该决定一下，我有时候是咋样都行的。（ZF27-8）
……

表4-3　高职专业负责人质量文化领导现状访谈片段文本示例（三）

（对专业负责人质量文化领导现状水平的认识及比较）

我跟你聊了质量文化领导这个话题，我觉得边聊，我自己的认识也在边提高，本来我认为质量文化很抽象，质量文化领导也很抽象，很难实施，但我突然觉得这项工作离我是并不遥远的。要说领导质量文化，我觉得我在组织专业课程教学、带领我们专业团队建设、完成专业上的一些任务等方面做得最好，毕竟这些事情是我的能力可以做到的。你说让我一个专业负责人，又不是领导，很难去塑造愿景、整合资源、改进绩效的。（ZF3-4）

关于质量文化和它的领导，听上去是很"高大上"的，但我并不是没有做这些工作，我其实日常都是在做的，或许连我自己都不知道。我觉得作为专业负责人，又不是领导，所以你千万不要去命令人，你要带头，带着别人做。你自己做得好，树立一个榜样，别人就信服你，你也就有话语权了。（ZF21-28）

我认为我们专业负责人还是挺忙的，你想啊，一个专业，三个年级，每个年级有两个班，当然学生上的事情有班主任，但专业教学上的事情，都要靠专业负责人啦。他要安排课程，要找外聘教师，要填各类数据表格，要跟学校申报专业上的项目。你要问我他在质量文化领导方面哪些地方做得好，我觉得主要是一些看得见的地方做得好，一些有明确要求的地方做得好，因为这些地方比较务实。如果谈愿景、谈改进、谈引领，我觉得离我们遥远一些。我们的层次也达不到。（JS4-12）

我们教学秘书跟专业负责人打交道其实挺多的。对我们教学系办公室来说，涉及专业上的事情，我们都要找专业负责人的。我对你要了解的质量文化领导，我觉得我们的专业负责人做得都比较差的。比如我们让专业上做人才培养方案，其实是要求专业上要开会，全体老师开会讨论，但往往就变成了专业负责人自己把材料写好，然后发给自己专业上的老师看看，甚至给看都不给看，直接发来了，弄得老师们并不知情，这样执行的话就会有问题。其实还有好多事情，也都如此，比如要求开教研会，但专业负责人把记录本交上来，上面编造的会议记录，其实会议也没开。我明白你说的质量文化领导的意思，我觉得专业负责人不仅仅是把任务做掉，更重要的是把大家的心凝聚起来，达成共识，只有大家心往一处想，工作才可能干好。可现实是专业负责人不会花心思去凝聚人心，去塑造一个共同的目标。（XZ9-2）

……

表 4-4 高职专业负责人质量文化领导现状访谈片段文本示例（四）

（与专业负责人质量文化领导相关的印象最深刻的工作事例）

我担任专业负责人以来，应该说是兢兢业业的，做了不少事情，但我最想做的事情就是想通过什么途径把我们专业团队的人心拢到一起，大家能够达成共识，尤其是在人才培养目标方面能够意见一致。刚好，教育部在推专业教学标准，我们这个专业教学标准的制定工作交给了我们学校，组长是我们校长，副组长就是我，其实我在具体负责这个标准的起草。我是很认真对待这件事情的，在我们专业开了好几次讨论会，对专业教学标准的每一个方面都进行了商量。有时候我们会有争论，大家在一些问题上甚至很细节的问题上，哪怕是一句话，我们也会争论。但是我觉得正是有了这些争论，或者在争论中，我们达成了共同的认识。正是通过专业教学标准起草这件事，我们团队的凝聚力提高了，大家对专业建设、专业教学、培养质量等方面的共识提高了。（ZF3-7）

我对我们学校专业负责人嘛，要说印象很深刻的一件事，确实很难说，但我可以说某一块工作，就是我负责的这一块工作。现在上级的拨款政策中，除了日常经费，还有专项经费。我呢，就是在教务处负责专项申报，也就是各个专业都根据需要申报专业建设专项，包括实训室建设、课程建设、教材建设、人才培养模式改革、社会服务等等，都归到我这里管理。在这个过程中，我能很清楚地感知到专业负责人在为争取专业建设资源中付出的努力。他们有的很上心，有的当然就是无所谓的样子。因为申报项目，是需要花脑筋的，还需要做材料。但是几年下来，有的专业建设了不少项目，建设得很好了，但有的专业则啥也没建，差距慢慢就有了。所以我对专业负责人质量文化领导方面印象最深刻的集中在专项申报这里。（XZ10-6）
……

通过对 49 位不同身份对象的访谈及补充访谈，并通过资料梳理和大致归类，笔者对高职专业负责人履行质量文化领导职责的现状有了一定程度的了解。相关分析如下。

（一）对专业负责人的访谈

（1）对专业负责人质量文化领导内涵和意义的总体认识。在与专业负责人进行质量文化领导方面的访谈时，可以感觉到专业负责人对专业质量文化培育都非常重视，认为只有培育了好的质量文化，专业人才培养目标的达成才成为可能，专业人才培养质量才能过硬。多数专业负责人认为，在高职教育从规模扩张阶段到内涵提升阶段转换、高职教育步入高质量发展的当下，专业人才培养质量尤其显得重要，因此应加强专业质量文化培育。但是，大多数专业负责人对质量文化的概念、内涵、特点等，认识都还比较模糊，甚至认为专业建设还没有发展到那一步，觉得距离质量文化培育还比较遥远，现在谈质量文化培育还为时尚早。至于质量文化领导，更觉得是学术话题，似乎与自己无关，因为他们觉得自己并非领导，只是需要把专业建设中的任务落实好，把专业教学运行组织好，就算是"功德圆满"。当然，不少专业负责人也谈了自己对质量文化内涵、质量文化领导内涵的"一己之见"，但总体而言都还处于表面认知。不过，也有不少专业负责人在访谈互动中会"恍然大悟"，觉得自己离质量文化培育、质量文化领导并不遥远。

（2）对所在专业人才培养目标和人才培养质量的总体认识。对明确所在专业人才培养目标的重要性和必要性，专业负责人都很认同，认为有了目标，教育教学行为才有了实施依据。而且大多数专业负责人都对自己所在专业的人才培养目标有比较清楚的认知，尤其可贵的是能够根据经济社会发展对职业教育的定位，不断更新对人才培养目标的认知，与时俱进。关于所在专业的人才培养质量，大多数专业负责人都使用了"全面发展"这一词语，认识到职业院校的毕业生要有过硬的职业本领，而且人品要好，甚至待人接物的礼仪都需要加以培养。但是，大多数专业负责人在专业教学团队的人才培养目标和人才培养质量观方面显得比较茫然，觉得没有合适的途径来凝聚共识，甚至觉得这是观念问题，各人有各人的看法，自己没有义务也没有能力改变别人。

（3）对专业负责人质量文化领导现状的认识及比较。虽然专业质量文化、质量文化领导等概念的理论性比较强，但是由于受访的专业负责人都具有一定的专业建设管理经历和一些职业教育理论知识，所以对之还是具有一定程度的认知与理解。专业负责人普遍认为质量文化领导与他们自身的工作、与他们肩负的职责息息相关。大多数专业负责人认为自己其实在实施质量文化领导，当然大多也认为自己做得很不够。笔者对访谈的30名专业负责人都提出了一个问题，即让他们总体评价一下自己实施质量文化领导的现状，其中21名教师回答"一般"，5名教师回答"较好"，4名教师回答"较差"。在访谈中，笔者请每位专业负责人都评价一下自己或学校里其他专业负责人在哪些方面做得比较好，哪些方面做得比较差，大多数专业负责人认为自己和同行在组织和落实专业建设及质量提升工作中一些具体任务做得还比较好，但是在上升到理念、价值观、共识等精神层面，还做得远远不够。如果把专业负责人自我评价的做得好的方面与做得差的方面纳入上一章专业负责人质量文化领导行为框架研究中的 6 个维度，可以认为大多数专业负责人认为自己在"课程教学组织""专业发展引领""团队合力凝聚"等方面做得相对好一些，但在"教学资源整合""质量绩效改进""质量愿景塑造"等方面还有较大差距。

（4）与专业负责人质量文化领导相关的印象最深刻的工作事例。受访的 30 位专业负责人都谈了自己与质量文化领导相关的印象最深刻的工作事例，有的谈专业教学标准研制工作，有的谈教研会议组织，有的谈动用人脉资源寻求企业赞助，有的谈联合申报课题……为了便于进一步深入研究，笔者把访谈得来的 30 个工作事例放入上一章专业负责人质量文化领导行为框架研究中的 6 个维度，并经粗略统计后发现，在 30 个工作事例中，可以归入"质量愿景塑造"的有 3 个，可以归入"团队合力凝聚"的有 3 个，可以归入"教学资源整合"的有 7 个，可以归入"课程教学组织"的有 7 个，可以归入"质量绩效改进"的有 4 个，可以归入"专业发展引领"的有 6 个。

（二）对普通教师的访谈

（1）对专业负责人质量文化领导内涵的总体认识。在对普通教师进行访谈时，教师们普遍认为专业负责人应该肩负起统领专业建设及质量提升的职责，应该做质量文化领导者，因为学校里的核心和重点工作都是以专业为基本单元展开的，质量是专业发展的生命线。不少教师听说笔者要访谈质量文化及质量文化领导这一话题，匆忙通过网络查询了"质量文化"的定义。在访谈中，大多数教师基于网络查询的"质量文化"定义，加上自己的理解，谈了对专业质量文化、专业负责人质量文化领导重要性、内涵、现状的认识，但总体不够深入，更谈不上系统化。对于高职专业负责人质量文化领导的具体方面，教师们基本上是从名称和定义上认识的。

（2）对专业负责人质量文化领导现状水平的认识及比较。教师们总体还是认可专业负责人在专业建设及质量文化培育中的所作所为，普遍认为自己所在专业负责人在质量文化培育中有所贡献。当然，教师们认为目前专业负责人的质量文化领导作用发挥得还很不够，希望专业负责人能够加强质量建设意识，提升质量文化领导能力。笔者对自己采访的9名教师都提出了一个问题，即让他们总体评价一下自己所在专业负责人质量文化领导现状，其中4名教师回答"一般"，2名教师回答"较好"，3名教师回答"较差"。又让教师评价专业负责人做得好的方面与做得差的方面，总体来说做得好的方面集中在自身发展、示范榜样、组织教学等方面。

（3）与专业负责人质量文化领导相关的印象最深刻的工作事例。受访的9名教师都谈了与专业负责人质量文化领导相关的印象最深刻的工作事例，有的谈到专业负责人关心自己，有的谈到在教研会议上发表自己的观点，有的谈到与专业负责人一起到企业洽谈校企合作项目，有的谈到听取专业负责人专题讲座……笔者同样把访谈得来的9个工作事例放入上一章专业负责人质量文化领导行为框架研究中的6个维度，并经粗略统计后发现，在9个工作事例中，可以归入"质量愿景塑造"的有1个，可以归入"团队合力凝聚"的有2个，可以归入"教学资源整合"的有2个，可以归入"课程教学组织"的有1个，可以归入"质量绩效改进"的有1个，可以归入"专业发展引领"的有2个。

（三）对行政管理人员的访谈

（1）对专业负责人质量文化领导内涵的总体认识。对于行政管理人员的访谈主要是参照教师的访谈提纲进行的。总体上说，行政管理人员对专业负责人质量文化领导内涵的认知程度要比普通教师对专业负责人质量文化领导内涵的认知程度高。这可能也与笔者在访谈时选取的对象范围有关系。考虑到对专业负责人相对熟悉、工作上有可能接触等因素，笔者访谈的行政管理人员都为教务处和二级教学院（系）的负责人及教学管理人员。相对来说，他们对职业教育管理理论有较多接触，因此对质量文化培育、质量文化领导等概念并不陌生，也都对这些概念的内涵有一定的认知。在与行政管理人员的访谈中还有一个感觉，就是他们比普通教师更加认同专业负责人应该实施质量文化领导。因为与普通教师的访谈中，虽然感觉他们同样认同专业负责人实施质量文化领导，但似乎他们更强调专业负责人应该做好自己的事情，尽好自己的职责，而行政管理人员则更强调专业负责人绝不能只耕耘好自己的"一亩三分地"，在带领团队成员和整个专业发展上应该花更大的力气。

（2）对专业负责人质量文化领导现状水平的认识及比较。和普通教师一样，行政管理人员认为目前专业负责人的质量文化领导作用发挥得还很不够，希望专业负责人能够加强质量建设意识，能够提升质量文化领导能力。笔者同样要求自己访谈的 10 名行政管理人员总体评价一下自己所在院校的专业负责人质量文化领导现状，其中 6 名教师回答"一般"，1 名教师回答"较好"，3 名教师回答"较差"。在访谈中，笔者请每位行政管理人员都评价学校的专业负责人在哪些方面做得比较好，哪些方面做得比较差，总体感觉大多数行政管理人员认为专业负责人在"专业发展引领""教学资源整合""质量愿景塑造"等维度上做得相对好一些。关于为什么他们会认为专业负责人在"质量愿景塑造"维度上做得相对好一些，笔者进行了追问，因为在对专业负责人和普通教师的访谈中，并没有这一看法。得到的回答大意是从教学管理的角度看，他们学校的专业负责人都能够负责完成人才培养方案、课程标准，都能够按照要求组织教研活动，也都能够根据学校通知申报相关专业建设项目，因此他们认为专业负责人都比较尽职，能够带领专业教学团队明确人才培养目标，完成专业建设及质量监控任务，所以实现了"质量愿景塑造"这一维度要求。

（3）与专业负责人质量文化领导相关的印象最深刻的工作事例。受访的 10 名教师都谈了与专业负责人质量文化领导相关的印象最深刻的工作事例，有的谈到组织专业教学团队外出考察，有的谈到人才培养方案研制，有的谈到专业负责人多途径聘请兼职教师……笔者同样把访谈得来的 10 个工作事例放入上一章专业负责人质量文化领导行为框架研究中的 6 个维度，并经粗略统计后发现，在 10 个工作事例中，可以归入"质量愿景塑造"的有 3 个，可以归入"团队合力凝聚"的有 1 个，可以归入"教学资源整合"的有 1 个，可以归入"课程教学组织"的有 3 个，可以归入"质量绩效改进"的有 1 个，可以归入"专业发展引领"的有 1 个。

第二节　高职专业负责人质量文化领导现状的量化分析

一、量化分析的目的

为了解高职学校专业负责人质量文化领导现状，笔者已经开展了访谈及补充访谈。访谈法有很多优点，但也存在局限：为了不影响采访对象回答问题，很难做到采访情境标准化；耗时多、费用大，难以大规模进行，调查样本相对较小；在灵活性的同时也具有了随意性，不同受访者的回答出于不同的视角和立场，答案"千奇百怪"，很难处理和分析访谈结果。

鉴于访谈法的局限，本次调研随后采用问卷法进行量化研究。主要是根据前文研究得出的行为框架开发出调研问卷，再面向专业负责人开展问卷调查，最后依据问卷数据进行统计分析。问卷法的优点在于结果容易量化；调查研究中不可能代入主观偏见；可以进行较大规模的调研，而且便于统计处理与分析。但是，问卷法也存在一些不足，比如调查结果广而不深，灵活性不够，常常存在社会赞许性，调查结果难以保证等等。总之，访谈法和问卷法各有优缺点，本次调研本着取长补短的原则兼顾两者。

问卷调查的目的就是量化研究当前高职专业负责人实施质量文化领导的现状，和访谈调查的目的总体一致。由于对"高职专业负责人在创新人才培养质量观并将之渗透到专业质量文化培育中的意识、行动与成效"这一问题很难量化考察，所以问卷调查没有设计相关题项，具体来说，问卷调查的目的聚焦在三个问题上：其一，当前高职专业负责人实施质量文化领导的总体水平如何？其二，高职专业负责人质量文化领导在行为框架 6 个分解维度上的水平如何？其三，高职专业负责人质量文化领导现状在性别、职称、年龄、从事专业带头人年限以及所在院校、所在专业的发展层次等人口统计学特征上是否存在显著差异？

二、调查问卷编制及信效度检验

（一）问卷题项的生成

编制出科学合理的问卷，是保证量化研究结果客观、可靠的前提；确定题项是问卷编制的关键步骤。按照郝坚（T. R. Hinkin）的观点，已有的相关文献和具有相关工作经验的人是开发问卷初始题项的两个主要途径。[①]根据这一思路，本书决定依据上一章研究提出的高职专业负责人质量文化领导行为框架进行问卷开发，将通过建构扎根理论方法得到的 22 个范畴作为相应的题项，也就是将 22 个范畴作为对高职专业负责人质量文化领导现状的评价维度。之所以这样决定，一是因为关于高职专业负责人质量文化领导的相关研究文献匮乏，无法直接提取问卷的初始项目；二是因为行为框架建构来源于对职教研究人员、高职学校校长及副校长、教务处处长、二级院系负责人的访谈资料，这些访谈内容都是具有相关工作经验或对相关工作比较熟悉的人最为直接、真实的表述；三是因为行为框架本身就是对高职专业负责人质量文化领导行为进行的分解，通过分解说明专业负责人质量文化领导行为能够被观察、被评价，而反之可以通过这些分解得到的维度评价整个行为现状。

基于以上分析，本书以专业负责人质量文化领导的行为框架为基础，开发了自编问卷"高职专业负责人质量文化领导现状及影响因素调查问卷"。调查问卷将行为框架中的 6 个行为领域作为 6 个方面，而将 22 个行为维度作为调

---

① Hinkin, T. R. A review of scale development practices in the study of organizations[J].Journal of Management: Official Journal of the Southern Management Association,1995,21(5):967−988.

查题项（其中质量愿景塑造 5 个、团队合力凝聚 4 个、教学资源整合 3 个、课程教学组织 4 个、质量绩效改进 3 个、专业发展引领 3 个），总共设计了 22 道选择题，要求专业负责人自我评估每个行为维度"做得怎么样"。采用利克特 5 点评分法，按"做得非常好""做得还可以""做得一般""做得比较差""做得非常差"，分别给予 5、4、3、2、1 分评定，评估考察高职专业负责人质量文化领导行为现状水平。

需要说明的是，考虑到问卷中每个问题都需要使用完整"问句"的形式，和行为框架的表达不一样，因此在问卷编制中对行为框架中的句子，以"行为维度"的意思为核心，整合了相应"行为领域"和"行为要素"的意思，对句子进行表述上的适当改造与完善，目的在于让答题者更容易理解问题的本意。当然，这种改造和完善以不改变"行为维度"的本义为前提。22 个调查题项如表 4-5 所示。

表 4-5 高职专业负责人质量文化领导现状调查题项一览

行动框架		调查题项
行为领域	行为维度	
质量愿景塑造	定位人才培养目标	请问您在明确专业人才培养目标定位方面做得怎么样？
	促进质量观共享	请问您在促进专业教学团队共享人才培养质量观方面做得怎么样？
	增强团队质量意识	请问您在增强自己及专业教学团队其他成员的质量意识方面做得怎么样？
	研制专业教学标准	请问您及专业教学团队在研制和贯彻专业教学标准方面做得怎么样？
	塑造学生职业精神	请问您及专业教学团队在塑造学生职业精神方面做得怎么样？
团队合力凝聚	体现人文关怀	请问您在倡导营造和谐的工作氛围、体现人文关怀方面做得怎么样？
	优化团队结构	请问您在优化专业教学团队结构方面做得怎么样？
	组织项目合作	请问您在组织本专业教学团队开展教科研或校企共建项目合作方面做得怎么样？
	协调团队分工	请问您在协调本专业教学团队合理分工、互相"补台"方面做得怎么样？

续表

行动框架		调查题项
行为领域	行为维度	
教学资源整合	推动校企合作	请问您在推动本专业开展校企合作方面做得怎么样？
	争取校内资源	请问您在为本专业争取校内资源，加强专业教学资源建设方面做得怎么样？
	统筹资源配置	请问您在统筹利用校内外资源，组织专业教学团队开发教学资源方面做得怎么样？
课程教学组织	师德师风建设	请问您在身先示范，并加强专业教学团队的师德师风建设方面做得怎么样？
	教学管理	请问您在开展教学管理，确保教学正常运行方面做得怎么样？
	开发与优化课程体系	请问您在组织本专业教学团队开发与优化专业课程体系方面做得怎么样？
	塑造良好学风	请问您在组织本专业塑造良好学风方面做得怎么样？
质量绩效改进	诊断问题	请问您在诊断教学运行及质量管理中存在问题方面做得怎么样？
	运行监控	请问您在监控教学日常运行，把控教学各环节质量方面做得怎么样？
	主动改善	请问您在带领本专业教学团队主动改善教育教学中存在的问题，提高教学效果方面做得怎么样？
专业发展引领	教学改革先行	请问您在身先示范，积极开展教学改革方面做得怎么样？
	专业发展先行	请问您在规划自己的专业发展，实现自己的发展目标方面做得怎么样？
	彰显行业地位	请问您在不断提高自己的业务能力，提高行业地位和影响力方面做得怎么样？

同时，为调查了解高职专业负责人质量文化领导行为效能水平在性别、职称、年龄、从事专业负责人年限以及所在院校、所在专业发展层次等人口统计学特征上是否存在显著差异，在调研问卷设计中，专门设置问卷对象的基本信息部分，为开展专业负责人质量文化领导现状的差异性统计分析做好准备。

（二）问卷题项的信效度及标准差检验

问卷初步编制完成后，还不能立即投入正式测试，必须经过科学程序和方法对问卷中设计的初始题项进行调整或修正，再最终确定问卷，从而确保问卷合乎标准，具有较高质量。问卷测试有多种方法，比如专家效度评定、焦点小组效度评定、试调查、统计结果检验等。本书认为由于初始问卷题项是通过扎根理论方法得来的，并考虑研究的实际需要及现实条件，决定在正式问卷调查前采用专家效度评定方法讨论或修订初始题项；在正式问卷调查之后，依据数据结果，对问卷的信度、效度和标准差进行统计，对问卷质量形成验证结论。

在专家效度评定方法中，邀请了 5 位对高职学校专业建设及质量管理具有比较丰富的理论研究或实践经验的专家。主要围绕初始问卷题项的准确度、关联度和重复度开展专家访谈：（1）准确度，即各个题项语句是否含义准确、表达通顺；（2）关联度，即各个问卷题项与高职专业负责人质量文化领导是否具有较为直接的关联；（3）重复度，即各个题项内容之间是否有重复现象。经过 5 位专家对准确度、关联度、重复度的分析判断，最终认为不需剔除或增加题项，问卷能够有效测量专业负责人实施质量文化领导的水平现状，可以直接使用。

在问卷被使用之后，本书在数据处理中，统计了问卷信度。该问卷总的信度和各分维度的信度如表 4-6 所示，总信度值（Cronbach's α 系数[①]）为 0.99，各分维度信度值（Cronbach's α 系数）都在 0.90 以上（0.91—0.95 之间），表明此量表具有较好的内部一致性，信度较好。

表 4-6 高职专业负责人质量文化领导现状评价量表信度分析（N=529）

维度	Cronbach's α 系数
质量愿景塑造	0.95
团队合力凝聚	0.93
教学资源整合	0.91
课程教学组织	0.93
质量绩效改进	0.93
专业发展引领	0.94
质量文化领导（整体）	0.99

采用 Amos 21.0 进行了验证性因素分析，以检验问卷的结构效度。验证性因素分析结果显示高职专业负责人质量文化领导包含"质量愿景塑造""团队

---

① Cronbach's α 或者 Cronbach's alpha（克朗巴哈系数法），是检视信度的一种方法，由美国教育学家李·克朗巴哈 (Lee Cronbach) 在 1951 年提出。它克服了部分折半法的缺点，是社会科学研究最常使用的信度分析方法。根据学者建议标准，在一般探索性研究中，Cranbach's α 系数在 0.6 以上，基准研究在 0.8 以上，被认为可信度较高。

合力凝聚""教学资源整合""课程教学组织""质量绩效改进""专业发展引领"的六因素模型拟合良好，χ^2（194）= 927.67，$\chi^2/df=$ 4.78，RMSEA=0.08，RMR = 0.02，CFI = 0.96，IFI = 0.96，TLI = 0.95，NFI=0.94，各维度结构效度得到验证。[①]各维度的平均变异抽取（Average Variance Extracted，AVE）以及合成信度（Composite Reliability，CR）为：质量愿景塑造（AVE=0.81，CR=0.96）、团队合力凝聚（AVE=0.78，CR=0.94）、教学资源整合（AVE=0.78，CR=0.91）、课程教学组织（AVE=0.78，CR=0.93）、质量绩效改进（AVE=0.80，CR=0.93）、专业发展引领（AVE=0.85，CR=0.94）。[②]统计分析得来的AVE值和CR值表明本书提出的质量文化领导的六维度概念具有良好的结构效度，概念结构非常合理[③]，问卷效度较好。

在统计分析中，还关注了标准差问题，如表4–8和表4–9所示。标准差说明了一列数据的离散程度，标准差越大，数据之间的差异越大。标准差如果太小，说明数据之间没有变化，不利于数据分析；标准差如果为0，则这列数据接近常量，也就不是变量了，不利于数据分析；标准差如果太大，说明数据之间差异较大，可能说明数据测量工具或者填写者对于该问题的理解存在较大差异，同样不利于数据分析。在本书的数据中，也就是5点利克特量表中，通常而言平均数为3.5，根据学者建议标准，标准差接近1比较合适。从表4–8和表4–9可以看到，考察的29列数据中，标准差在0.8—1之间的有16个，占55.1%；标准差在1.01—1.09之间的有12个，另有1个标准差为0.79，总体而言，全部数列的标准差没有太大或太小，有利于统计分析。

---

① 根据学者建议标准，一般来说，经过数据处理之后，χ^2/df最好为小于3或为3左右，但大一些也没关系，RMSEA和RMR两个值最好小于等于0.08，CFI、IFI、TLI、NFI四个数值最好都大于0.9。

② 采用Amos 21.0进行验证性因素分析之后，得出一张表，非常大，一般不放在文中。

③ 根据学者建议标准，一般来说，经过数据处理之后，AVE值在0.7以上，CR值在0.8以上，皆可以证明研究的模型结构效度良好，概念结构合理。

三、问卷调查的对象及实施

本书的调查对象为在高职学校基层教学组织中实际承担统领专业建设职责的专业负责人。问卷调查中，选取了 11 个省（直辖市）[①] 的 42 所公办高职学校作为调查院校，每所调查院校确定了 10—20 个问卷调查对象，一共确定了 630 名专业负责人作为问卷调查对象。

问卷调查采用"问卷星"平台进行，主要通过"熟人"关系与确定的调查对象取得联系，恳请其根据实际情况回答"问卷星"。问卷结束时，经统计，实际回收 529 份答卷，占确定并发送"问卷星"调研对象的 83.97%。实际有效答卷 529 份，实际有效回收率 100%（判断无效问卷的依据是：所填选项完全一致或信息填写不完整）。问卷样本的人口统计学变量特征描述如表 4-7 所示。

表 4-7　问卷样本的人口统计学变量特征描述统计（N=529）

变量特征	类别	人数	百分比 /%
性别	男	280	52.93
	女	249	47.07
学校层次	国家级	157	29.68
	省级	168	31.76
	没有入选	204	38.56
专业层次	国家级	63	11.91
	省级	143	27.03
	校级	145	27.41
	普通	178	33.65
职称	教授	53	10.02
	副教授	228	43.10
	讲师	248	46.88
年龄	25—35 岁	142	26.84
	36—45 岁	282	53.31
	46—55 岁	89	16.82
	55 岁以上	16	3.03

[①] 问卷调研涉及的 11 个省（直辖市）为：浙江、山东、河南、湖北、湖南、四川、河北、重庆、海南、江苏、广东。

续表

变量特征	类别	人数	百分比/%
企业工作经历	有	289	54.63
	无	240	45.37
承担专业负责人职责年限	1 年以内	87	16.45
	1—3 年	187	33.65
	4—10 年	190	35.91
	10 年以上	74	13.99

统计得知，在被调查专业负责人的性别上，男性 280 人（52.93%），女性 249 人（47.07%）；在被调查专业负责人所在学校的层次上，在国家级"示范校""骨干校""优质校"或"双高计划"入选院校（简称"国家级院校"）的 157 人（29.68%），在省级"示范校""骨干校""优质校"或"双高计划"入选院校（简称"省级院校"）的 168 人（31.76%），在没有入选过国家级或省级"示范校""骨干校""优质校"或"双高计划"的院校（简称"没有入选院校"）的 204 人（38.56%）；在被调查专业负责人所在专业的层次上，为国家级重点、示范、骨干等专业（简称"国家级专业"）的 63 人（11.91%），为省级重点、示范、骨干等专业（简称"省级专业"）的 143 人（27.03%），为校级重点、示范、骨干等专业（简称"校级专业"）的 145 人（27.41%），以上都不是（简称"普通专业"）的 178 人（33.65%）；在被调查专业负责人的职称上，教授 53 人（10.02%），副教授 228 人（43.10%），讲师 248 人（46.88%）；在被调查专业负责人的年龄上，25—35 岁的 142 人（26.84%），36—45 岁的 282 人（53.31%），46—55 岁的 89 人（16.82%），55 岁以上的 16 人（3.03%）；在被调查专业负责人是否具有企业工作经历上，有企业工作经历的 289 人（54.63%），没有企业工作经历的 240 人（45.37%）；在被调查对象承担专业负责人职责的年限上，1 年以内的 87 人（16.45%），1—3 年的 187 人（33.65%），4—10 年的 190 人（35.91%），10 年以上的 74 人（13.09%）。

四、问卷调查结果的描述性统计分析

对回收后的问卷数据进行描述性统计分析，得到高职专业负责人质量文化领导各个维度的水平现状，如表 4-8 所示。

表 4-8　高职专业负责人质量文化领导整体及各维度现状描述性统计分析（N=529）

维度	极小值	极大值	均值	标准差
质量愿景塑造	2.00	5.00	3.54	0.89
团队合力凝聚	1.75	5.00	3.50	0.92
教学资源整合	1.33	5.00	3.31	0.96
课程教学组织	2.00	5.00	3.74	0.86
质量绩效改进	1.67	5.00	3.45	0.90
专业发展引领	2.00	5.00	3.54	0.96
质量文化领导（整体）	2.00	5.00	3.52	0.87

从表 4-8 中可以看出，高职专业负责人质量文化领导整体及各维度的均值都在 3 以上，也就是说，在问卷样本专业负责人的自我评价中，质量文化领导处于中上等水平。将高职专业负责人质量文化领导各维度的分数值按从低到高进行排列，教学资源整合的均值最低（3.31），课程教学组织的均值最高（3.74），两者之差为 0.43，这说明高职专业负责人质量文化领导各维度水平发展大体均衡，但各维度之间还是有高低区分的。

为了更为深入地了解高职专业负责人质量文化领导各个维度的水平现状，本书对各维度所属子维度（题项）的分值进行了描述性统计分析，如表 4-9 所示。

表 4-9　高职专业负责人质量文化领导各题项现状描述性统计分析（N=529）

维度	题项	极小值	极大值	均值	标准差
质量愿景塑造	目标定位	2	5	3.81	0.80
	质量观念	2	5	3.40	0.95
	质量意识	2	5	3.44	1.03
	教学标准	2	5	3.45	1.01
	职业精神	2	5	3.58	1.03

续表

维度	题项	极小值	极大值	均值	标准差
团队合力凝聚	人文关怀	2	5	3.86	0.85
	团队结构	2	5	3.40	0.98
	共建项目	1	5	3.26	1.08
	合理分工	1	5	3.46	1.09
教学资源整合	校企合作	1	5	3.44	1.03
	争取资源	1	5	3.33	1.03
	统筹资源	1	5	3.17	1.07
课程教学组织	师德师风	2	5	4.01	0.79
	教学管理	2	5	3.83	0.92
	优化课程	2	5	3.46	1.03
	塑造学风	2	5	3.66	1.00
质量绩效改进	诊断问题	1	5	3.44	0.88
	运行监控	1	5	3.52	0.92
	主动改善	2	5	3.39	1.07
专业发展引领	教学改革	2	5	3.70	0.89
	专业发展	2	5	3.47	1.09
	行业地位	2	5	3.45	1.07

表4-9显示，问卷样本专业负责人在"质量愿景塑造"各个子维度上的发展都处于中上水平，单项均值都大于3分。按照从高到低将各个子维度的均值进行排列，目标定位的得分最高（3.81），紧接着是职业精神（3.58）、教学标准（3.45）、质量意识（3.45）、质量观念（3.40）。最高值和最低值相差为0.41，说明各个子维度的发展水平总体平衡，但相互之间还是存在一定差异。

问卷样本专业负责人在"团队合力凝聚"各个子维度上的发展都处于中上水平，单项均值都大于3分。按照从高到低将各个子维度的均值进行排列，人文关怀的得分最高（3.86），紧接着是合理分工（3.46）、团队结构（3.40）、共建项目（3.26）。最高值和最低值相差为0.6，说明各个子维度的发展水平总体并不平衡，最高子维度和最低子维度之间差异较大。

问卷样本专业负责人在"教学资源整合"各个子维度上的发展都处于中上水平，单项均值都大于3分。按照从高到低将各个子维度的均值进行排列，校企合作的得分最高（3.44），紧接着是争取资源（3.33）、统筹资源（3.17）。最高值和最低值相差 0.27，说明子维度发展总体平衡。

问卷样本专业负责人在"课程教学组织"各个子维度上的发展都处于中上水平，单项均值都大于 3 分。按照从高到低，将各个子维度的均值进行排列，师德师风的得分最高（4.01），紧接着是教学管理（3.83）、塑造学风（3.66）、优化课程（3.46）。最高值和最低值相差 0.55，这说明各个子维度的发展总体并不平衡，最高子维度和最低子维度之间差异挺大。

问卷样本专业负责人在"质量绩效改进"各个子维度上的发展都处于中上水平，单项均值都大于 3 分。按照从高到低将各个子维度的均值进行排列，运行监控的得分最高（3.52），紧接着是诊断问题（3.44）、主动改善（3.39）。最高值和最低值相差 0.13，这说明各个子维度的发展总体平衡。

问卷样本专业负责人在"专业发展引领"各个子维度上的发展都处于中上水平，单项均值都大于 3 分。按照从高到低将各个子维度的均值进行排列，教学改革的得分最高（3.70），紧接着是专业发展（3.47）、行业地位（3.45）。最高值和最低值相差 0.25，这说明各个子维度的发展总体平衡。

五、问卷调查结果的差异性统计分析

从描述性统计分析中，对当前高职专业负责人质量文化领导水平发展达到了何种程度以及各维度之间的平衡性有了初步了解，但并没有充分考虑到不同人口统计学特征背景下专业负责人质量文化领导水平发展呈现的差异性。因此，本书进一步采取 T 检验和方差分析等统计手段，对不同人口统计学变量特征，如性别、职称、年龄、担任专业负责人的年限、学校层次、专业层次等，高职专业负责人质量文化领导水平发展的差异情况进一步考察。

（一）高职专业负责人质量文化领导整体现状的差异性统计分析

前文已对专业负责人质量文化领导整体现状做了描述性统计分析，基于描述性统计分析，本书采用单因素方差分析法，对不同人口统计学特征下高职专业负责人质量文化领导整体现状的差异性进行统计考察，具体结果如表4-10所示。

表4-10　高职专业负责人质量文化领导整体现状的差异性统计分析（N=529）

变量	类别	样本量	平均数	标准差	F值	p值	事后比较
性别	男	280	3.43	0.95	51.84	0.00	女>男
	女	249	3.64	0.75			
学校层次	国家级	157	3.74	0.78	7.74	0.00	国家级>省级=没有入选
	省级	168	3.48	0.91			
	没有入选	204	3.39	0.87			
专业层次	国家级	63	3.88	0.70	4.31	0.01	国家级>省级=校级=普通
	省级	143	3.45	0.84			
	校级	145	3.52	0.95			
	普通	178	3.46	0.85			
职称	教授	53	3.45	0.68	0.96	0.38	
	副教授	228	3.58	0.84			
	讲师	248	3.49	0.93			
年龄	25—35岁	142	3.19	0.95	10.20	0.00	25—35岁<36岁以上
	36—45岁	282	3.66	0.81			
	46—55岁	89	3.63	0.79			
	55岁以上	16	3.60	0.65			
企业工作经历	有	289	3.91	0.61	147.77	0.00	有>无
	无	240	3.06	0.90			
承担负责人职责年限	1年以内	87	3.27	0.95	11.11	0.00	3年以内<3年以上
	1—3年	187	3.35	0.90			
	4—10年	190	3.69	0.80			
	10年以上	74	3.84	0.67			

表4-10显示，在高职专业负责人质量文化领导整体现状的性别上主效应显著，女性与男性差异非常显著（F=51.84***）[①]，并且女性水平显著高于男性；在高职专业负责人质量文化领导整体现状的学校层次上主效应显著（F=7.74***），学校层次差异会显著影响到整体现状水平，事后检验则表明国家级院校整体现

---

① F值的含义：按照学者建议标准，F值后面没有星号表示"不存在显著差异"，*表示"达到显著差异"，**表示"差异比较显著"，***表示"差异非常显著"。

状差异非常显著高于省级院校和没有入选院校；在高职专业负责人质量文化领导整体现状的专业层次上主效应显著（F=4.31**），专业层次差异会显著影响到整体现状水平，事后检验则表明国家级专业整体现状水平差异比较显著高于省级专业、校级专业和普通专业；在高职专业负责人质量文化领导整体现状的职称上主效应并不显著（F=0.96），整体现状在教授、副教授、讲师等职称上不存在显著差异；在高职专业负责人质量文化领导整体现状的年龄上主效应显著，不同年龄的整体现状水平差异非常显著（F=10.02***），并且25—35岁的整体现状水平显著低于36岁以上的整体现状水平；在高职专业负责人质量文化领导整体现状的工作经历上主效应显著，有企业工作经历的与没有企业工作经历的整体现状水平差异非常显著（F=147.77***），并且有企业工作经历的整体现状水平显著高于没有企业工作经历的；在高职专业负责人质量文化领导整体现状的工作年限上主效应显著，不同任职年限的整体现状水平差异非常显著（F=11.11***），并且任职3年以内的整体现状水平显著低于任职3年以上的。

（二）高职专业负责人质量愿景塑造维度现状的差异性统计分析

前文已对高职专业负责人质量愿景塑造维度的现状做了描述性统计分析，基于描述性统计分析，本书采用单因素方差分析法，对不同人口统计学特征下高职专业负责人质量愿景塑造维度现状的差异性进行统计考察，具体结果如表4-11所示。

表4-11　高职专业负责人质量愿景塑造维度现状的差异性统计分析（N=529）

变量	类别	样本量	平均数	标准差	F值	Sig值	事后比较
性别	男	280	3.46	0.98	45.45	0.00	女＞男
	女	249	3.53	0.76			
学校层次	国家级	157	3.83	0.78	13.77	0.00	国家级＞省级＝没有入选
	省级	168	3.49	0.90			
	没有入选	204	3.35	0.90			

续表

变量	类别	样本量	平均数	标准差	F值	Sig值	事后比较
专业层次	国家级	63	3.50	0.79	7.72	0.00	国家级>省级=校级=普通
	省级	143	3.46	0.99			
	校级	145	3.45	0.90			
	普通	178	3.54	0.89			
职称	教授	53	3.52	0.67	1.55	0.21	
	副教授	228	3.61	0.83			
	讲师	248	3.47	0.98			
年龄	25—35 岁	142	3.12	0.97	15.02	0.00	25—35 岁 <36 岁以上
	36—45 岁	282	3.68	0.84			
	46—55 岁	89	3.70	0.73			
	55 岁以上	16	3.83	0.63			
企业工作经历	有	289	3.94	0.62	116.34	0.00	有>无
	无	240	3.05	0.93			
承担负责人职责年限	1 年以内	87	3.25	0.99	13.77	0.00	3 年以内 <3 年以上
	1—3 年	187	3.34	0.93			
	4—10 年	190	3.71	0.81			
	10 年以上	74	3.92	0.61			

表 4-11 显示，在高职专业负责人质量愿景塑造的性别上主效应显著，女性与男性差异非常显著（$F=45.45***$），并且女性水平显著高于男性；在高职专业负责人质量愿景塑造的学校层次上主效应显著（$F=13.77***$），学校层次差异具有显著影响，事后检验则表明国家级院校水平非常显著高于省级院校和没有入选院校；在高职专业负责人质量愿景塑造的专业层次上主效应显著（$F=7.72***$），专业层次差异具有显著影响，事后检验则表明国家级专业水平非常显著高于省级专业、校级专业和普通专业；在高职专业负责人质量愿景塑造的职称上主效应并不显著（$F=1.55$），质量愿景塑造现状在教授、副教授、讲师等职称上不存在显著差异；在高职专业负责人质量愿景塑造的年龄上主效应显著，不同年龄的水平差异非常显著（$F=15.02***$），并且 25—35 岁的水平显著低于 36 岁以上的；在高职专业负责人质量愿景塑造的工作经历上主效应显著，有企业工作经历的与没有企业工作经历的水平差异非常显著（$F=116.34***$），并且有企业工作经历的水平显著高于没有企业工作经历的；在高职专业负责人

质量愿景塑造的工作年限上主效应显著，不同任职年限的水平差异非常显著（*F*=13.77***），并且任职3年以内的水平显著低于任职3年以上的。

（三）高职专业负责人团队合力凝聚维度现状的差异性统计分析

前文已对高职专业负责人团队合力凝聚维度的现状做了描述性统计分析，基于描述性统计分析，本书采用单因素方差分析法，对不同人口统计学特征下高职专业负责人团队合力凝聚维度现状的差异性进行统计考察，具体结果如表4–12所示。

表4–12　高职专业负责人团队合力凝聚维度现状的差异性统计分析（N=529）

变量	类别	样本量	平均数	标准差	*F*值	Sig值	事后比较
性别	男	280	3.37	1.00	44.61	0.00	女>男
	女	249	3.63	0.79			
学校层次	国家级	157	3.83	0.86	4.43	0.01	国家级>省级=没有入选
	省级	168	3.49	0.96			
	没有入选	204	3.35	0.91			
专业层次	国家级	63	3.79	0.76	2.92	0.03	国家级>省级=校级=普通
	省级	143	3.39	0.92			
	校级	145	3.53	1.00			
	普通	178	3.46	0.87			
职称	教授	53	3.47	0.76	0.70	0.50	
	副教授	228	3.55	0.91			
	讲师	248	3.45	0.95			
年龄	25—35岁	142	3.17	1.01	8.92	0.00	25—35岁<36岁以上
	36—45岁	282	3.62	0.84			
	46—55岁	89	3.63	0.90			
	55岁以上	16	3.52	0.70			
企业工作经历	有	289	3.90	0.66	100.56	0.00	有>无
	无	240	3.02	0.93			
承担专业负责人职责年限	1年以内	87	3.24	1.01	9.11	0.00	3年以内<3年以上
	1—3年	187	3.34	0.90			
	4—10年	190	3.63	0.89			
	10年以上	74	3.83	0.73			

表 4-12 显示，在高职专业负责人团队合力凝聚的性别上主效应显著，女性与男性水平差异非常显著（$F=44.61^{***}$），并且女性水平显著高于男性；在高职专业负责人团队合力凝聚的学校层次上主效应显著（$F=4.43^*$），学校层次差异会显著影响团队合力凝聚水平，事后检验则表明国家级院校显著差异高于省级院校和没有入选院校；在高职专业负责人团队合力凝聚的专业层次上主效应显著（$F=2.92^*$），专业层次差异会显著影响团队合力凝聚水平，事后检验则表明国家级专业显著差异高于省级专业、校级专业和普通专业；在高职专业负责人团队合力凝聚的职称上主效应并不显著（$F=0.70$），团队合力凝聚在教授、副教授、讲师等职称上不存在显著差异；在高职专业负责人团队合力凝聚的年龄上主效应显著，不同年龄水平差异非常显著（$F=8.92^{***}$），并且25—35岁的水平显著低于36岁以上的；在高职专业负责人团队合力凝聚的工作经历上主效应显著，有企业工作经历的与没有企业工作经历的差异非常显著（$F=100.56^{***}$），并且有企业工作经历的显著高于没有企业工作经历的；在高职专业负责人团队合力凝聚的工作年限上主效应显著，不同任职年限的水平差异非常显著（$F=9.11^{***}$），并且任职3年以内的显著低于任职3年以上的。

（四）高职专业负责人教学资源整合维度现状的差异性统计分析

前文已对高职专业负责人教学资源整合维度的现状做了描述性统计分析，基于描述性统计分析，本书采用单因素方差分析法，对不同人口统计学特征下高职专业负责人教学资源整合维度现状的差异性进行统计考察，具体结果如表4-13所示。

表 4-13　高职专业负责人教学资源整合维度现状的差异性统计分析（N=529）

变量	类别	样本量	平均数	标准差	F值	Sig值	事后比较
性别	男	280	3.20	1.05	39.97	0.00	女>男
	女	249	3.43	0.84			
学校层次	国家级	157	3.52	0.87	5.87	0.00	国家级>省级=没有入选
	省级	168	3.27	1.06			
	没有入选	204	3.18	0.92			

变量	类别	样本量	平均数	标准差	F值	Sig值	事后比较
专业层次	国家级	63	3.67	0.80	3.82	0.01	国家级>省级=校级=普通
	省级	143	3.25	0.99			
	校级	145	3.33	1.01			
	普通	178	3.21	0.93			
职称	教授	53	3.31	0.73	0.78	0.46	
	副教授	228	3.37	0.95			
	讲师	248	3.26	1.02			
年龄	25—35 岁	142	2.98	1.03	7.97	0.00	25—35 岁 <36 岁以上
	36—45 岁	282	3.44	0.94			
	46—55 岁	89	3.43	0.87			
	55 岁以上	16	3.38	0.58			
企业工作经历	有	289	3.71	0.73	64.19	0.00	有>无
	无	240	2.83	1.00			
承担负责人职责年限	1 年以内	87	3.08	0.96	7.82	0.00	3 年以内 <3 年以上
	1—3 年	187	3.13	1.02			
	4—10 年	190	3.47	0.93			
	10 年以上	74	3.59	0.78			

表 4–13 显示，在高职专业负责人教学资源整合的性别上主效应显著，女性与男性水平差异非常显著（$F=39.97***$），并且女性显著高于男性；在高职专业负责人教学资源整合的学校层次上主效应显著（$F=5.87**$），学校层次差异具有显著影响，事后检验则表明国家级院校比较显著高于省级院校和没有入选院校；在高职专业负责人教学资源整合的专业层次上主效应显著（$F=3.82*$），专业层次差异具有显著影响，事后检验则表明国家级专业水平达到显著差异高于省级专业、校级专业和普通专业；在高职专业负责人教学资源整合的职称上主效应并不显著（$F=0.78$），高职专业负责人教学资源整合在教授、副教授、讲师等职称上不存在显著差异；在高职专业负责人教学资源整合的年龄上主效应显著，不同年龄水平差异非常显著（$F=7.97***$），并且 25—35 岁的水平显著低于 36 岁以上的；在高职专业负责人教学资源整合的工作经历上主效应显著，有企业工作经历的与没有企业工作经历的差异非常显著（$F=64.19***$），并且有企业工作经历的显著高于没有企业工作经历的；在高职专业负责人教学资源整合的

工作年限上主效应显著，不同任职年限的水平差异非常显著（F=7.82***），并且任职3年以内的水平显著低于任职3年以上的。

（五）高职专业负责人课程教学组织维度现状的差异性统计分析

前文已对高职专业负责人课程教学组织维度的现状做了描述性统计分析，基于描述性统计分析，本书采用单因素方差分析法，对不同人口统计学特征下高职专业负责人课程教学组织维度现状的差异性进行统计考察，具体结果如表4-14所示。

表4-14　高职专业负责人课程教学组织维度现状的差异性统计分析（N=529）

变量	类别	样本量	平均数	标准差	F值	Sig值	事后比较
性别	男	280	3.63	0.91	23.64	0.00	女>男
	女	249	3.86	0.78			
学校层次	国家级	157	3.97	0.77	8.68	0.00	国家级>省级=没有入选
	省级	168	3.70	0.87			
	没有入选	204	3.60	0.88			
专业层次	国家级	63	4.06	0.66	3.65	0.01	国家级>省级=校级=普通
	省级	143	3.65	0.84			
	校级	145	3.73	0.91			
	普通	178	3.70	0.87			
职称	教授	53	3.61	0.68	1.19	0.31	
	副教授	228	3.80	0.84			
	讲师	248	3.72	0.90			
年龄	25—35岁	142	3.42	0.94	9.93	0.00	25—35岁<36岁以上
	36—45岁	282	3.87	0.81			
	46—55岁	89	3.86	0.77			
	55岁以上	16	3.72	0.67			
企业工作经历	有	289	4.09	0.64	77.24	0.00	有>无
	无	240	3.32	0.89			
承担专业负责人职责年限	1年以内	87	3.49	0.96	10.46	0.00	3年以内<3年以上
	1—3年	187	3.57	0.89			
	4—10年	190	3.91	0.76			
	10年以上	74	4.02	0.69			

表4-14显示，在高职专业负责人课程教学组织的性别上主效应显著，女性与男性的水平差异非常显著（$F=23.64***$），并且女性水平显著高于男性；在高职专业负责人课程教学组织的学校层次上主效应显著（$F=8.68***$），学校层次具有显著影响，事后检验则表明国家级院校非常显著高于省级院校和没有入选院校；在高职专业负责人课程教学组织的专业层次上主效应显著（$F=3.65*$），专业层次具有显著影响，事后检验则表明国家级专业水平显著高于省级专业、校级专业和普通专业；在高职专业负责人课程教学组织的职称上主效应并不显著（$F=1.19$），课程教学组织在教授、副教授、讲师等职称上不存在显著差异；在高职专业负责人课程教学组织的年龄上主效应显著，不同年龄的水平差异非常显著（$F=9.93***$），并且25—35岁的水平显著低于36岁以上的；在高职专业负责人课程教学组织的工作经历上主效应显著，有企业工作经历的与没有企业工作经历的水平差异非常显著（$F=77.24***$），并且有企业工作经历的水平显著高于没有企业工作经历的；在高职专业负责人课程教学组织的工作年限上主效应显著，不同任职年限的水平差异非常显著（$F=10.46***$），并且任职3年以内的水平显著低于任职3年以上的。

（六）高职专业负责人质量绩效改进维度现状的差异性统计分析

前文已对高职专业负责人质量绩效改进维度的现状做了描述性统计分析，基于描述性统计分析，本书采用单因素方差分析法，对不同人口统计学特征下高职专业负责人质量绩效改进维度现状的差异性进行统计考察，具体结果如表4-15所示。

表4-15 高职专业负责人质量绩效改进维度现状的差异性统计分析（N=529）

变量	类别	样本量	平均数	标准差	F值	Sig值	事后比较
性别	男	280	3.38	0.94	10.74	0.00	女>男
	女	249	3.53	0.84			
学校层次	国家级	157	3.60	0.90	3.27	0.04	国家级=省级>没有入选
	省级	168	3.41	0.94			
	没有入选	204	3.37	0.85			

续表

变量	类别	样本量	平均数	标准差	F值	Sig值	事后比较
专业层次	国家级	63	3.74	0.81	2.81	0.04	国家级>省级=校级=普通
	省级	143	3.35	0.86			
	校级	145	3.43	0.99			
	普通	178	3.45	0.87			
职称	教授	53	3.16	0.73	3.25	0.04	教授>副教授=讲师
	副教授	228	3.50	0.87			
	讲师	248	3.47	0.94			
年龄	25—35 岁	142	3.19	0.96	6.35	0.00	25—35 岁<36 岁以上
	36—45 岁	282	3.59	0.85			
	46—55 岁	89	3.45	0.87			
	55 岁以上	16	3.31	0.88			
企业工作经历	有	289	3.80	0.72	40.61	0.00	有>无
	无	240	3.03	0.90			
承担专业负责人职责年限	1 年以内	87	3.20	0.99	8.78	0.00	3 年以内<3 年以上
	1—3 年	187	3.28	0.92			
	4—10 年	190	3.63	0.81			
	10 年以上	74	3.67	0.80			

表 4-15 显示，在高职专业负责人质量绩效改进的性别上主效应显著，女性与男性水平差异非常显著（$F=10.74***$），并且女性水平显著高于男性；在高职专业负责人质量绩效改进的学校层次上主效应显著（$F=3.27*$），学校层次具有显著影响，事后检验则表明国家级和省级院校显著差异高于没有入选院校；在高职专业负责人质量绩效改进的专业层次上主效应显著（$F=2.81*$），专业层次具有显著影响，事后检验则表明国家级专业水平显著差异高于省级专业、校级专业和普通专业；在高职专业负责人质量绩效改进的职称上主效应显著（$F=3.25*$），职称会影响质量绩效改进水平，事后检验则表明职称为教授的水平达到显著差异高于副教授和讲师；在高职专业负责人质量绩效改进的年龄上主效应显著，不同年龄的水平差异非常显著（$F=6.35***$），并且 25—35 岁的水平显著低于 36 岁以上的；在高职专业负责人质量绩效改进的工作经历上主效应显著，有企业工作经历的与没有企业工作经历的差异非常显著（$F=40.61***$），并且有企业工作经历的水平显著高于没有企业工作经历的；在高职专业负责人

质量绩效改进的工作年限上主效应显著，不同任职年限的水平差异非常显著（F=8.78***），并且任职 3 年以内的水平显著低于任职 3 年以上的。

（七）高职专业负责人专业发展引领维度现状的差异性统计分析

前文已对高职专业负责人专业发展引领维度的现状做了描述性统计分析，基于描述性统计分析，本书采用单因素方差分析法，对不同人口统计学特征下高职专业负责人专业发展引领维度现状的差异性进行统计考察，具体结果如表 4–16 所示。

表 4–16　高职专业负责人专业发展引领维度现状的差异性统计分析（N=529）

变量	类别	样本量	平均数	标准差	F值	Sig 值	事后比较
性别	男	280	3.43	1.06	54.01	0.00	女＞男
	女	249	3.66	0.84			
学校层次	国家级	157	3.75	0.88	5.85	0.00	国家级＝省级＞没有入选
	省级	168	3.50	1.02			
	没有入选	204	3.41	0.96			
专业层次	国家级	63	3.87	0.81	3.68	0.01	国家级＞省级＝校级＝普通
	省级	143	3.45	1.00			
	校级	145	3.60	1.04			
	普通	178	3.45	0.90			
职称	教授	53	3.50	0.88	0.50	0.61	
	副教授	228	3.59	0.96			
	讲师	248	3.51	0.99			
年龄	25—35 岁	142	3.23	1.04	7.12	0.00	25—35 岁＜36 岁以上
	36—45 岁	282	3.67	0.91			
	46—55 岁	89	3.60	0.96			
	55 岁以上	16	3.67	0.60			
企业工作经历	有	289	3.95	0.73	95.17	0.00	有＞无
	无	240	3.05	0.99			
承担专业负责人职责年限	1 年以内	87	3.27	0.95	9.69	0.00	3 年以内＜3 年以上
	1—3 年	187	3.37	0.99			
	4—10 年	190	3.69	0.96			
	10 年以上	74	3.91	0.76			

表 4–16 显示，在高职专业负责人专业发展引领的性别上主效应显著，女性与男性水平差异非常显著（$F=54.01***$），并且女性水平显著高于男性；在高职专业负责人专业发展引领的学校层次上主效应显著（$F=5.85**$），学校层次差异具有显著影响，事后检验则表明国家级和省级院校比较显著高于没有入选院校；在高职专业负责人专业发展引领的专业层次上主效应显著（$F=3.68*$），专业层次差异具有显著影响，事后检验则表明国家级专业水平达到显著差异高于省级专业、校级专业和普通专业；在高职专业负责人专业发展引领的职称上主效应并不显著（$F=0.50$），专业负责人专业发展引领在教授、副教授、讲师等职称上不存在显著差异；在高职专业负责人专业发展引领的年龄上主效应显著，不同年龄的水平差异非常显著（$F=7.12***$），并且 25—35 岁的水平显著低于 36 岁以上的；在高职专业负责人专业发展引领的工作经历上主效应显著，有企业工作经历的与没有企业工作经历的水平差异非常显著（$F=95.17***$），并且有企业工作经历的水平显著高于没有企业工作经历的；在高职专业负责人专业发展引领的工作年限上主效应显著，不同任职年限的水平差异非常显著（$F=9.69***$），并且任职 3 年以内的水平显著低于任职 3 年以上的。

第三节　高职专业负责人质量文化领导现状调研的综合结论

根据调研目的与设计方案，本节对 30 位高职学校专业负责人和 19 位教师、行政管理人员开展了访谈及补充访谈，对 529 名高职专业负责人开展了问卷调查。访谈和问卷完成之后，对质性和量化数据分别进行了处理和分析，多维度地了解了专业负责人质量文化领导现状。综合访谈和问卷得到的调研分析结果，本书对高职专业负责人质量文化领导现状形成 5 个方面主要结论。

一、不同人口统计学特征专业负责人质量文化领导履责呈现差异

在对问卷调查量化数据的处理中，专门以性别、学校层次、专业层次、职称、年龄、企业工作经历、负责人担任年限等7个人口统计学特征为变量，对"整体现状"和"质量愿景塑造""团队合力凝聚""教学资源整合""课程教学组织""质量绩效改进""专业发展引领"6个维度进行了差异性分析。通过分析得知，不同人口统计学特征下，对高职专业负责人质量文化领导整体现状和6个维度的影响不同，大致分为"不存在显著差异""达到显著差异""差异比较显著""差异非常显著"4种情况。关于不同人口统计学特征的专业负责人质量文化领导履责差异性，已经在数据处理的差异性统计中进行了仔细分析，不再一一赘述，在此仅列表汇总（见表4-17）。

表4-17　不同人口统计学特征专业负责人质量文化领导履责差异性统计

维度 统计学指标	整体现状	质量 愿景塑造	团队 合力凝聚	教学 资源整合	课程 教学组织	质量 绩效改进	专业 发展引领
性别	差异非常显著	差异非常显著	差异非常显著	差异非常显著	差异非常显著	差异非常显著	差异非常显著
学校层次	差异非常显著	差异非常显著	达到显著差异	差异比较显著	差异非常显著	达到显著差异	差异比较显著
专业层次	差异比较显著	差异非常显著	达到显著差异	达到显著差异	达到显著差异	达到显著差异	达到显著差异
职称	不存在显著差异	不存在显著差异	不存在显著差异	不存在显著差异	不存在显著差异	达到显著差异	不存在显著差异
年龄	差异非常显著	差异非常显著	差异非常显著	差异非常显著	差异非常显著	差异非常显著	差异非常显著
企业工作经历	差异非常显著	差异非常显著	差异非常显著	差异非常显著	差异非常显著	差异非常显著	差异非常显著
承担专业负责人职责年限	差异非常显著	差异非常显著	差异非常显著	差异非常显著	差异非常显著	差异非常显著	差异非常显著

从表4-17中可以看出，性别、学校层次、专业层次、年龄、企业工作经历、承担专业负责人职责年限等6个人口统计学特征为变量，对"整体现状"和"质量愿景塑造""团队合力凝聚""教学资源整合""课程教学组织""质量

绩效改进""专业发展引领"6 个维度都具有显著影响，影响值分别达到"达到显著差异""差异比较显著""差异非常显著"等情况，但从统计分析得来的数值看，也有"职称"这个人口统计学特征对各维度的影响不显著（只有 1 个维度"达到显著差异"，但对其他维度的影响都是"不存在显著差异"）。

这里不禁要问，"职称"这个人口统计学特征对"高职专业负责人质量文化领导"真的没有影响吗？职称，体现的是专业人士的专业发展水平，与之相关的还有其的地位、薪酬等，总是备受关注。一个专业人士较顺利地评上更高一级职称，总是感到十分自豪。从一定意义上说，专业技术领导是高职专业负责人发挥专业建设统领作用的前提；没有专业技术领导，就谈不上高职专业负责人的文化领导。但为什么数据统计结果显示职称对高职专业负责人这个专业人士的质量文化领导没有显著影响呢？本书猜想有两种可能，第一种可能是，专业技术职务评定无论多么重要，但对个人而言依旧属于"身外之物"，如果专业负责人对专业建设出自内心的热爱，秉持强烈的使命感与责任感，也许这种外在因素的影响就会很小，尤其是对质量文化领导这种凭借价值内在的领导方式来说。相反，如果专业负责人缺少稳定的价值信念，更多看重自身的利益得失，即使评上了更高一级的职称，也不见得会积极投身专业建设。第二种可能是，在目前的专业技术职务评定机制下，职称似乎也证明不了在专业建设或质量文化领导方面的经验积累，而恰恰也可以从这里反思和发现目前的专业技术职务评定机制与专业负责人统领专业建设职责的"脱节"。

当然，不管何种原因，本书认为仅仅就"职称"这样一个特征的数据结果出现"例外"，并不妨碍总体的研究判断，那就是：不同人口统计学特征对专业负责人质量文化领导行为具有影响，进而导致不同人口统计学特征的专业负责人履行质量文化领导职责现状水平呈现差异。

最后需要说明的是，不少课题研究都是把性别、职称、年龄、工作经历等人口统计学特征当作研究对象的影响因素来看待，这样自然有道理，但是本书认为，虽然人口统计学特征的确属于影响因素，然而如果进一步挖掘，影响高职专业负责人质量文化领导的还有更深层次因素（将在下一章中识别和验证）。

因此，本书在现状研究部分，立足不同人口统计学特征，分析高职专业负责人履行质量文化领导的差异情况，也就是把不同人口统计学特征当作现状比较条件。而在下一章，识别和验证高职专业负责人质量文化领导的影响因素之后，在质量文化领导影响机制模型中，再把不同人口统计学特征纳入控制变量来考虑。鉴于此，人口统计学特征在本书中具有双重定位，既是现状比较条件，又是影响机制中的控制变量。

二、专业负责人在质量管理中发挥了积极作用但质量观引领不足

本书对象范围是实际承担专业建设统领任务的专业负责人。调研得知，专业负责人在专业建设及质量管理中都完成了大量工作任务，发挥着积极作用。在前面的研究中，已经对"质量管理"和"质量文化培育"的内涵进行过辨析，两者有区别但亦有联系，很多内容实际上是重叠交叉的。在职业教育深化专业内涵建设、强化质量保障的当下，高职学校专业负责人付出了很多努力。在访谈中可以感受到，专业负责人在"质量愿景塑造""团队合力凝聚""教学资源整合""课程教学组织""质量绩效改进""专业发展引领"6个维度中，都做了很多工作，取得了不少成绩。通过对问卷数据的统计得知，专业负责人质量文化领导整体及各维度的均值都在3分以上，从数据上看高职专业负责人自我评价的质量文化领导水平处于中上等。虽然受社会赞许的影响，专业负责人在自我评价中往往会比实际水平高，但这并不妨碍本书认为专业负责人在质量文化培育中做得不错。

但是，质量文化培育和质量管理并非同一概念，研究质量文化领导，更强调专业负责人在基于人才培养质量观认同的质量文化培育中发挥引领、凝聚、推动作用，而这一点，专业负责人的表现欠佳。其一，在访谈中，专门设置了"高职专业负责人在创新人才培养质量观并将之渗透到专业质量文化培育中的意识、行动与成效"方面的提问，专业负责人大多对这一问题"摇头"，表示自己在事务性的工作中做得比较好，但在观念创新和引领上做得不够好，甚至有些专业负

责人对自己所在专业的人才培养目标、人才培养质量标准都比较模糊，所以很难谈得上把这些标准、理念贯彻到行为框架的 6 个维度中，专业负责人普遍对形成质量愿景，达成目标共识感到茫然。其二，从问卷数据处理看，行为框架的 6 个维度中，专业负责人在"课程教学组织"维度的均值最高，而"团队合力凝聚""质量绩效改进""教学资源整合"3 个维度的均值排在后三位。具体到 22 个问卷题项的数据分析结果，"质量观念""团队结构""共建项目""争取资源""统筹资源"等子维度（题项）的得分均值都较低，排在后几位。再深入一点看，属于"硬性"任务层面的，专业负责人会做得好一些，而像精神、理念或拓展性要求等"软性"层面，专业负责人做得相对差一些。总之，专业负责人基于质量观认同意义上的"领导"作用发挥还相对较弱。

三、专业负责人认同质量文化领导的实践意义但履责自觉性不强

通过访谈可以感觉到大多数高职学校专业负责人对质量文化培育、质量文化领导等概念并不熟悉，对质量文化、质量文化领导的内涵、特点缺乏较为深入的了解，将质量文化培育、质量文化领导视为学术领域探讨的话题，觉得跟自己的专业建设实践有较大距离，但是当笔者跟专业负责人适当交流后发现，专业负责人都认同质量文化领导的重要性和必要性，认为如果自己能够按照质量文化领导的精神内核和行为框架及要求去履行职责，一定能够取得很好的工作成效，对推动专业内涵建设、提高专业人才培养质量具有卓有成效的实践意义。具体来说，对质量文化领导实践意义的认可，首先是基于对专业质量文化培育与生成重要性和必要性的认可。专业负责人大都清楚地认识到只有构建了积极的质量文化，才能生成提高人才培养质量最有效、最持久的力量。其次是认识到自己如果能够很好履行质量文化领导职责，势必能够很好地凝聚专业教学团队。质量文化领导有利于解决专业人才培养过程中的质量价值冲突问题，进而达成人才培养质量观共识，整个专业教学团队成员都有了人才培养方向，通过价值引领才能让大家更有动力。最后是认识到实施质量文化领导同样有利于促进自己的能力发展。专业负

责人认识到质量文化领导与行政命令式领导存在区别，实施质量文化领导意味着善于运用沟通来促进团队对行动背后意义的理解和达成共识，会促进自己和团队认识和理念的提升，促进自己素质和能力的发展。

但是，从目前看，高职专业负责人在具体工作中实施质量文化领导的意识不强，尚没有履行质量文化领导职责的自觉性。由于质量文化领导本身和专业负责人统领专业建设、加强质量管理是融为一体的，因此并不能说高职专业负责人完全没有实施质量文化领导，只是自识、自觉、自主地实施质量文化领导尚显不足。30 位专业负责人及 19 位教师和行政管理人员在回答"总体评价高职专业负责人质量文化领导现状"的问题时，大多回答"一般"，少部分回答"较好"或"较差"。虽然没有"很差"的回答，但也没有"很好""较好"的回答。

四、专业负责人愿意采纳质量文化领导方式但履责能力尚待提高

尽管问卷和访谈结果都表明专业负责人在质量管理实践中已经表现出种种质量文化领导行为，比如体现人文关怀、优化课程体系、统筹资源配置、彰显行业地位等等，但是从理论自觉层面分析，质量文化领导之于专业负责人只能是新生事物。进一步说，由于专业负责人群体对质量文化的内涵理解，即上位理解不够深入、系统，最终导致基于价值观认同的质量文化领导行为各维度之间的联系不够密切，整体效能提升空间很大。当然，通过上面分析可知，在对质量文化领导的内涵有了一定认知之后，专业负责人都认同质量文化领导的实践意义，表示愿意在今后的专业建设统领实践中采纳与探索质量文化领导方式。

目前，专业负责人履行质量文化领导职责，引领和推动专业质量文化生成的能力亟待增强。之所以作出这样的判断，主要是基于三点考虑。一是通过访谈得知，高职专业负责人在创新人才培养质量观并将之渗透到专业质量文化培育中的意识缺失、行动不到位、成效欠佳。而这一点正是专业负责人质量文化领导行为框架的价值核心，是专业负责人质量文化领导区别于质量保障行为的

关键所在。

二是通过对专业负责人质量文化领导总体水平评估可知，高职专业负责人质量文化领导的"实然"表现与理想"应然"状态之间还是有不小差距，考虑并排除社会赞许性因素之后，总体水平应该是居于中等，甚至是中等偏下。而在对专业负责人质量文化领导6个维度水平的量化评估分值可知，各维度之间呈现高低不同。从访谈比较结果看，总体受访对象认为高职专业负责人在"课程教学组织""专业发展引领""团队合力凝聚"3个维度做得相对较好，而另外3个维度则相对差一些。依据问卷数据统计结果，将高职专业负责人质量文化领导各维度的分数值按从高到低进行排列，"课程教学组织"最高，其次是"质量愿景塑造"和"专业发展引领"（两者分值一样），接下来是"团队合力凝聚""质量绩效改进""教学资源整合"。不仅是6个维度的均值有差异，而且每个维度内部的各个子维度均值之间亦有差异。维度之间的差异，说明整体能力尚待提高。

三是专业教学团队的价值信念共识达成以及沟通转化工作本身具有很大的难度，几乎每位专业负责人在这一点上都深感力不从心。专业负责人在日常工作中大多定位于完成具体工作任务的层面，专业教学团队人才培养理念的形成过程被忽视，很多工作团队成员参与度较低，这样的话，即使专业上有明确的人才培养目标、标准和理念，由于缺少团队共识，接下来的沟通转化也很难实施。

五、高职学校对专业负责人质量文化领导的期待很高但支持不够

在高等教育迈入普及化的当下，高职学校普遍存在"质量忧患"，从访谈看，其中原因至少有三点：一是认为生源质量大不如从前，进而引发质量担忧；二是认为学生规模在拓展，但教育资源相对不足，势必降低质量；三是行业企业对人才质量的要求在提高，担心自己学校或专业的毕业生无法满足。总之，高职学校各类群体都认识到加强质量建设的重要性，保证和提升人才培养质量

是核心任务，因此学校和专业负责人都应该重视专业建设及质量提升。通过对质量文化培育、质量文化领导的内涵与特征的商讨和领悟，高职学校专业负责人、教师和行政管理人员等群体都真切认识到专业负责人应该实施质量文化领导，对专业负责人质量文化领导表现出很高的期待，认为专业负责人实施质量文化领导，就能够在现有基础上进一步改进和提升领导方式，将会在专业建设及质量文化培育上取得较为显著的成效。

但是，现实中，高职学校对专业负责人质量文化领导的支持远远不够。关于外部支持的探讨，按照本书的研究方案设计，将放在下一章"影响因素"中论述，但是外部支持和现实状况其实是无法分割开来的，所以在此需要略微涉及。从访谈看，外部支持不足主要体现在三方面：一是学校质量文化培育的氛围不浓。我国高职学校的质量管理、质量保障等，总体来说是基于政府主导的，学校习惯于对照上级拟定的评估方案或考核指标体系抓质量，真正强调质量本身的目的性、质量主体的内在自觉性的质量文化建设并没有引起足够的重视和深入的实践，环境支持不足。二是对专业负责人的角色定位不准确。本来专业负责人应该作为专业发展规划及专业建设中的"决断者"，但现实中，根据学校及院系领导的安排指示行事显然是专业负责人履行岗位职责的常规和首要任务，完成上级交办的任务是专业负责人主要优先考量。专业负责人与专业教学团队成员之间，存在身份对立，有时仿佛监督者与被监督者的关系，相互协作支持的关系尚没有建立。三是对专业负责人履行职责情况缺乏明确的激励机制。高职学校在专业负责人的评价或管理上，缺乏奖优罚劣，基本是"干好干坏一个样"，在相应的权力、资源和待遇的匹配上没有给予充分支持。

第五章
CHAPTER 5

高职专业负责人质量文化领导的影响因素

专业负责人是高职学校建设与发展实践场域中的重要角色，承载着统领专业建设及质量文化领导的主要责任和使命。前文研究中已经对专业负责人质量文化领导现状有了较为深入的认知，基本上呈现了专业负责人质量文化领导行为的生态情境，但是对于现状水平的认知，还远未达到全面和透彻的理解，尚需要对其现状水平的影响因素及其作用机制深入挖掘和探讨，唯有如此，才有助于高职学校管理者发现在专业负责人质量文化领导作用发挥过程中的一些关键问题，也只有当这些关键问题被发现并剖析清楚之后，才能有助于高职学校及专业负责人采取相应举措有意识地改进与提升专业负责人质量文化领导。

高职学校专业负责人质量文化领导的有效实施最终表现在加快专业质量文化培育与生成，促进学生发展、教师发展和专业内涵提升上。本书认为，高职专业负责人质量文化领导并不是孤军奋战的个人行为，其有效实施的实质是一个系统工程。系统论认为，任何系统都是处于环境之中的，整体与部分之间具有密切的内在关系，系统内部各要素相互作用、相互影响，你中有我、我中有你。高职学校专业负责人履行质量文化领导职责的水平必然受到方方面面的影响，是纷繁复杂、一果多因的。因此，寻找并验证高职专业负责人质量文化领导受到何种因素影响是一个既重要又复杂的问题。

为了能够很好开展影响因素这一重要且复杂的问题的研究，本书科学地规划设计了研究方案，确定执行"理论建构—提出假设—进行验证—理论修正与整合"这一技术路线。这一路线主要分为三个步骤：一是理论建构，主要是通过对质性访谈第一手资料的提炼，依据研究者的个人洞见识别并提取出影响因素集合；二是开展实证研究，提出研究假设、设计题项、开展问卷调查，并对问卷调查结果进行验证和分析；三是理论修正与整合，得出影响因素及其作用机制研究的主要结论。根据技术路线和研究步骤，本章对影响因素的研究和上一章现状调研一样，先采用访谈法，再采用问卷法，而且访谈和问卷的样本对象与现状调研时的样本对象同步获得，完全相同。

第一节　高职专业负责人质量文化领导影响因素的识别

一、影响因素识别的目的与方法

在对高职专业负责人质量文化领导进行研究中，必须找到其影响因素并对这些因素的预测作用进行验证和分析。影响因素分析能够帮助高职学校及专业负责人准确把握它的消极成分和积极成分，变不利为有利，更为顺利地改进专业负责人质量文化领导。

通过文献综述得知，目前高职教育研究领域尚没有开展高职专业负责人质量文化领导研究，更谈不上对其影响因素的关注，但是对影响因素进行剖析论证是领导行为研究中常常涉及的问题，研究成果颇多，一定会对高职专业负责人质量文化领导影响因素研究具有借鉴和启示作用。因此，本书对高职专业负责人质量文化领导影响因素的识别，主要采用两种方法。首先采用文献法，在前期"文献综述"的基础上，专门对领导行为影响因素研究结论进行梳理，形成高职专业负责人质量文化领导影响因素的大致框架；其次运用访谈法，通过对质性访谈第一手资料的提炼，依据研究者的个人洞见识别并提取出影响因素。

在上一章中已经述及，本书编制了"高职专业负责人质量文化领导现状与影响因素研究"访谈及补充访谈提纲，面向3省（市）的9所高职学校的30位专业负责人和 19 位普通教师、学校行政管理人员开展了访谈及补充访谈。访谈主要围绕两个主题，第一个主题是围绕专业负责人质量文化领导的现状，已经在上一章进行了阐述分析，第二个主题是围绕专业负责人质量文化领导的影响因素，相关访谈文本是开展因素识别的主要资料来源。

二、影响因素识别的过程与结果

权变领导理论认为，领导者、被领导者和领导情境是决定领导有效性的三个变量函数。[①]这一观点为相当多有关领导行为的研究和实践者所接受，本书亦然。同时，为了开展高职专业负责人质量文化领导影响因素研究，本书对领导行为影响因素研究结论进行了专门梳理，重点关注、梳理和归纳了 8 篇博士学位论文中有关领导行为影响因素的研究结论，以期深化对影响因素识别与验证的理解。通过梳理和归纳发现，总体上说，大多数研究将领导行为的影响因素分为内部和外部两方面，虽然不少研究成果并不直接用"内部""外部"的表述，但实际上存在这层含义。使用"内部""外部"的分类方法，是有理论依据的，从领导学来看是受权变领导理论的主导，从哲学来看是受内外因素论的主导。有关领导行为影响因素的结论举例如表 5-1 所示。

表 5-1　8 篇博士学位论文中有关领导行为影响因素研究结论一览

博士学位论文题目	研究问题	研究结论
中小学校长教学领导胜任力提升研究	中小学校长教学领导胜任力提升的影响因素	（1）外部因素：国家层面、地方层面、社会层面；（2）学校因素：物质环境、校园文化、师资水平、领导班子；（3）自我因素：教学领导理念、个人能力、职业生涯规划管理
高职学校专业带头人能力模型构建及发展研究	高职学校专业带头人能力发展的影响因素	（1）内部影响因素：身份认同、成就动机、个性特质、专业建设知识与技能；（2）外部影响因素：制度环境、发展路径
高校外语教师专业领导力研究	阻碍高校外语教师专业领导力发展的因素	（1）传统观念的束缚；（2）组织文化的壁垒；（3）专业领导技能和经验的缺乏

---

① 杨海燕.费德勒领导效能权变理论鉴评 [J]. 领导科学 ,2019(5):48-49.

续表

博士学位论文题目	研究问题	研究结论
大学校长道德领导研究	大学校长道德领导的影响因素	（1）制度体制；（2）传统文化；（3）商品经济；（4）权力本身；（5）品性人格
小学校长领导行为研究	小学校长领导行为的影响因素	（1）校长个人因素：教育观念、教育特质、成长经历；（2）学校组织文化：权力距离、不确定性、社会性别角色、教师个人主义文化；（3）社会因素：家长、政府、社会环境
引领与自主：学校变革中的教师领导与管理	教师领导与管理转型的影响因素	（1）外部因素：政校关系、教育行政部门职能；（2）内部因素：学校组织文化、学校领导立场、中层管理者的角色、教师领导者信念与沟通能力、教师自我更新意识
学校发展中的教师领导研究	教师领导的影响因素	（1）传统文化及观念；（2）行政化管理体制；（3）学校组织结构与文化；（4）教师个人观念和技能
价值领导：基于小学校长领导行为的研究	小学校长价值领导行为的影响因素	（1）校长个体因素；（2）学校组织因素；（3）区域教育行政因素

　　基于以上研究结论，本书同样将专业负责人质量文化领导的影响因素理解为内部和外部两方面，但在表述上使用"个体层面"和"学校组织层面"，这两个层面构成了对专业负责人质量文化领导影响因素识别的大致框架。之所以表述为"个体层面"和"学校组织层面"，一是为了概念表述更恰当，因为本书对象为专业负责人，使用"内部""外部"的字样并不合适；二是为了所指内涵更准确，比如在外部，由于本书结合实际并不打算将影响因素拓展到社会、政府以及宏观政策层面，只聚焦于学校，所以用"学校组织层面"更准确。

　　在明确将"个体层面"和"学校组织层面"作为影响因素框架之后，本书通过对质性访谈第一手资料的提炼，识别和提取了8个影响因素。30位受访的高职学校专业负责人和19位高职学校普通教师、行政管理人员分别从自身感受和认识出发，谈了自己对专业负责人质量文化领导影响因素的理解。分析访谈得到的第一手资料，可以发现，专业负责人质量文化领导受到多种因素的影响和制约，这些因素既有专业负责人自身层面的因素，也有学校组织层面的影响，两个层次8种因素相互交织，构成了较为复杂的影响因素模型。

（一）个体层面因素

专业负责人个体自身是实施质量文化领导的主体。质量文化领导能效水平的高低，很大程度上取决于专业负责人自身的努力和表现。一般而言，"领导者"实施领导行为的成效，从自身来说，取决于"想不想做"和"能不能做"两方面。专业负责人实施质量文化领导，同样受"想不想做"和"能不能做"两方面影响，具体可以分解为专业负责人的身份认同、成就动机、对质量文化内涵的认知、个性特征与能力等四个因素。

1.身份认同

身份认同是个体对自我身份的确认和对所归属群体的角色及其特征的认可与接纳，是对价值和意义的承诺。[①]高职学校专业负责人的身份认同，决定着他如何给自己的所作所为赋予意义，以及他在统领专业建设及质量文化培育中的行为方式。

有研究表明，身份认同较高的专业负责人在专业建设过程中将会表现出如下特征：在认知方面，会主动肩负起统领职责，把提高专业建设质量视为自己的责任；在情感方面，会随着专业建设成效的波动而波动；在行为方面，会努力践行自己心中理想的专业负责人形象。[②]专业负责人是否会认同或接受这种外在赋予的角色或制度赋予的身份，取决于他们自己如何为之赋予意义，也很大程度上决定了他们是否愿意在专业建设上投入更多时间和精力，对其统领专业建设及质量文化培育的成效发挥着重要影响。

通过访谈，可以感受到专业负责人的身份认同程度不一，甚至不少专业负责人缺乏身份认同。有的专业负责人并不情愿担任这个"职务"，之所以承担基本是出于无奈。比如有访谈对象说："以前当专业课教师的时候，没有这种感觉，自从当上了专业主任，就感觉马不停蹄，有干不完的活，好像一个专业都是你包的一样，活脱脱一个'包工头'，什么事情都要扯到专业负责人身上来。

① 张淑华,李海莹,刘芳.身份认同研究综述[J].心理研究,2012,5(1):21-27.
② 王亚南.高职学校专业带头人能力模型构建及发展研究[D].上海：华东师范大学,2018:233.

本来呢，专业负责人主要应该搞专业建设上的事情，而且我认为我们学校、我们专业还挺缺少建设的，但是现实中不是这样的，教学上的事情、课程上的事情、学工线上的事情、党的事情、团的事情、招生的事情、就业的事情，只要跟'专业'搭边的事情，都会牵涉进去，而且是具体的执行者和责任人。我都跟系主任提过两次了，希望不做这个负责人了，但是系主任不答应，再说了，他也为难，现在确实专业上还找不到更合适的人来当啊！"（ZF18-25）

有的访谈对象认为，专业负责人的工作压力太大，事务繁多。"虽然自己不是专业负责人，但对专业负责人的工作还是挺了解的，我觉得压力挺大的，你想啊，学校是以专业为基本单位的，一个学校里几十个专业。学校现在提'压实责任'，其实某种意义上就是想把任务压下去，把责任压下去。细想学校这样做，也是对的，专业不抓住，学校根本没法发展。但这样，专业负责人的压力大啊。我觉得，专业负责人好像既要顶天，又要立地。顶天的话就是整个专业的战略宏观构想需要去执行；立地的话就是要实际执行各项建设任务以及专业教学运行上的事情。"（JS7-31）

也有的专业负责人认为自己本来对专业建设抱着一腔热情，但现实却"事与愿违"，自己实际成了上级意志的贯彻者，并不能按照自己的意愿推进专业建设，久而久之导致其身份认同减弱。比如有访谈对象说："我觉得作为一个专业负责人似乎很光荣，很受重视，因为学校里对专业建设、专业人才培养很重视，但是真正遇到实际问题时你就知道专业负责人其实啥都不是。比如说，我想搞我们专业上的一些系列活动，但能不能搞，搞的话经费在哪，这些都要绞尽脑汁。在我们学校，要打报告啊，打出去的报告，先要给学院里审批，学院院长有时还要退回来修改。学院里同意了，再报到教务处，处长同意了，还要找副校长、校长。涉及经费的事情，还要找财务处……学校里这样要求，肯定有道理，也是需要的，但现实就是人很累，明明我替专业上策划了这样好的事情，但好像是在处处求人。更懊恼的是，报告一个个跑出来，被不同的领导、不同的部门修改、提要求，最后搞出来的事情跟我自己想弄的相比，已经大变样了。"（ZF28-45）

2.成就动机

影响专业负责人积极主动统领质量文化培育的关键因素除了身份认同，还有另一个关键因素，就是成就动机。虽然身份认同和成就动机之间的相关性很大，都是"想不想做"的问题，但两者并非一回事，还存在很大区别，前者侧重个体对角色的接纳程度，后者侧重个体投入岗位工作的主动性。总之，身份认同和成就动机并不完全等同，成就动机的高低问题同样需要研究关注。

20世纪30年代，默里（Henry Murray）提出人有20种需要，"成就需要"排第一，成就动机概念由此形成；麦克里兰（David G.M.Clelland）将成就动机界定为"与自己所特有的良好的或优秀的标准相竞争之下，个人所学习而来的一种追求成功的需要或驱动"。[1]阿特金森（J.W.Atkinson）认为"当人用较高社会标准评价自己行为成败时，就表现出成就动机，包括追求成功和回避失败"[2]。

专业负责人统领专业质量文化培育的成效和其在领导专业建设中的成就动机强弱密切相关。成就动机的强弱，因人而异。笔者在访谈中发现，有些专业负责人出自自身对推动专业发展具有较高的情怀，或者说是良好的精气神，所以具有较强的成就动机。比如有专业负责人说："说实话，专业带头人这活大家都是不愿意干的，但我觉得人一辈子做事情还是需要有一些精气神的，还是要有一些正能量吧。要说我当这个负责人吧，我肯定也有很多怨气的，但我还是在尽心尽力的，因为我还是很希望我们专业发展得好的。有时我会想我大学毕业就到学校工作，吃了学校十多年的饭了，现在学校把我培养成熟了，总是要在专业建设上做些事情。再说了，我也是不甘落后的人，像我们这些搞专业的，对专业还是很有感情的，我不希望看到自己的专业落到别的专业后面。专业啊，有时感觉像自己的孩子一样，自己可以骂她，但不允许别人骂她。"（ZF3-30）

也有专业负责人希望能够在专业建设中做出成绩，有利于自己的发展，尤其是有助于自己的职称晋升。有受访对象说："现在高校职称评审都改革了，原

---

① 李丹.重庆市大学生的中国梦与其成就动机、学习责任心的关系研究[D].重庆：西南大学,2015.

② Atkinson, J.W.Motivational Determinations of Risk Taking Behaviors[J].Psychological Review, 1957, 64(3):359-372.

来是送到省里评，现在指标放到学校，由学校评。自己学校评职称，最大的不同是投票的人相对熟悉被评的人的情况，这些投票的人大多是学校领导，还有中层干部，那么在学校现在非常重视专业建设的阶段，如果把专业建设做得好，自然在评职称时就很有优势啦。我们学校几个做得好的专业带头人，全部都评上了教授，但不是带头人的一般老师，想评教授、副教授，就难多啦……职称当然是最重要的啦，工资待遇都是依据职称的，上课课时费的差别也根据职称高低来的，评上教授了说出去也好听的。"（XZ4-24）

当然不少专业负责人对专业建设的成就动机较弱。由于各种原因，专业负责人心态失衡，牢骚满腹，投入专业建设的热情逐渐减少，想方设法开始敷衍塞责。"反正我做这个教研室主任，从内心上并不想做，但我们学校就规定一个专业配置一个教研室主任，配上了就要负责整个专业的事情。开始我还很有激情，但越来越没有动力，就是感觉事情太多，大事小事都会来找你，大到写专业发展规划、人才培养方案、安排每学期的课表，小到填很多的表格，有些打印资料都要自己跑去干。最头疼的事，就是有些事情不是自己能够做到的，比如聘请校外来上课的老师，有些课程找不到老师来上，必须从校外请，但能上这个课的老师并不多，本来就很稀缺，再说我也不认识那么多的人，根本找不到能来上课的，学校对外聘教师的课时费又规定得那么低。累么累死，对自己也没啥好处的，'拿着卖白菜的钱，操着卖白粉的心'，没啥动力啊。"（ZF29-28）

3.对质量文化内涵的认知

前面已经论述，质量文化是普遍存在的。可以说，高职专业在从筹设到正式设置并开始招生的过程中，哪怕没有明确的质量文化意识，更没有质量文化建设的规划与设计，也会自然形成质量文化。但是这样形成的质量文化只能是"原始""初级"的，与理想状态中的质量文化相距甚远。因此，高职专业需要在自然形成的质量文化的基础上改进、改造、提升、完善，甚至进行完全的改变后形成新的质量文化模式。前面已经明确，本书中所指的质量文化培育指的就是这样的建设，就是把专业质量文化从自然的状态改变为自识、自觉、自主的状态，而最终达到自由或自在的状态。

在质量文化建设从自然状态到自觉状态再到自由状态的过程中，专业教学团队对质量文化内涵的认知非常关键，尤其是专业负责人。但是，访谈中感觉到高职专业负责人对质量文化内涵的了解程度不一，大多比较肤浅。虽然我们并没有明确让专业负责人阐释什么是专业质量文化，但在提及"质量文化"这一词语时，不少专业负责人都想回避，也有专业负责人直接表示并不理解质量文化的具体内涵，或者说理解得有偏差。访谈中发现，"质量文化"一词在实践中并不常用，这其实也是质量文化培育、质量文化领导深化实施的一个阻碍。鉴于受访对象对质量文化概念的理解是后续访谈交流的基础，所以笔者在访谈中往往还需要从概念内涵的阐释开始，之后才能延伸到其他问题。

专业负责人对于质量文化内涵的理解，大致可以分为三个层次：一是能够清晰理解概念及其内涵。属于这一层次的比较少，在接受访谈的 30 位专业负责人中只有 4 位可以被归入该层次。比如有专业负责人说："质量文化应该是属于我们专业负责人想达到的一个比较高的层次，因为我觉得一个专业要想做好，要想真正有质量，光靠上级的要求和命令不行，关键是大家齐心协力。怎么样达到齐心协力？靠的是文化，文化就是达到一种价值观的认同，然后使它来统领大家一起关心质量、提高质量。"（ZF20—41）

二是刚一提起该概念受访对象感到陌生，但经过交流，基本了解，而且认为自己的工作实践中已经有所积累，有相应的行动。这一层次占比最大，大约 19 位。"你提质量文化啊，开始我也认可这个东西虽然重要，但说好听一些，就是太'高大上'，说实在一些，就是很空洞啊，喊口号一样……你想我们专业带头人，每天很忙啊，哪有闲心哪有精力再管质量文化呢？我们主要是完成学校交给的任务就够了……但是你跟我点拨一下我慢慢明白了，这个也不是一个额外添加的任务，很多事情已经在做的，只是现在更强调精神层面的东西，强调一种大家共同的认可。"（ZF23—31）

三是受访对象对该概念比较陌生，和其沟通交流之后仍然表示难以理解。有 7 位受访对象可归入这一层次。"我是很难理解你想研究的质量文化的，就是觉得它离我们很遥远，落实到一个专业上很难的，如果放到一个学校里嘛，也还是可以尝试一下的。"（ZF2-21）不光是专业负责人，连受访的普通教师和行政管理人员也对专业建设质量文化持不乐观态度，比如，"我作为一个二级学院院长，也是听过好几次职教专家讲座的，对你研究的这样质量文化我是知道的，可是你让我们专业负责人来领导质量文化，我觉得可能性不大。就我对我们学院的几个专业负责人的了解，他们肯定对质量文化是什么并不了解，他们能够完成我们学校，包括我们二级学院交办的事情就很不错了。"（XZ8-33）

4.个性特征与能力

领导者的"个性特征与能力"是领导行为研究经常会触及的问题，本书也不例外。但是，根据研究主题需要，本书不对专业负责人的"个性特征与能力"作深入剖析，既不求深度分析专业负责人个性特征与能力的理想类型，更无法验证不同类型的个性特征与能力和专业负责人质量文化领导能效之间的关系，仅仅是想阐明专业负责人的个性特征与能力是其履行质量文化领导职责成效的重要影响因素。

领导学研究认为，个性因素是评估领导者的核心要素之一；领导能力关系到领导者能否带领下属达到预设目标；领导的影响力有的来源于权力和地位，有的来自个人魅力。总之，个性特征与能力几乎被"公认"为领导权威或领导者影响力的重要来源。专业负责人作为"领导者"，不是行政意义上的领导者，而是主要凭借个人权威和人格魅力在专业建设中行使"权力"的"领导者"，从某种意义上来说"个性特征与能力"更显得重要。专业负责人作为专业建设及质量文化培育的"领导者"，自身特质各不相同，他们身上所具有的能与他人区别开来的独特的品质、特征和能力对其领导行为必然会带来影响。无论是专业建设，还是质量文化培育，都是系统性工程，都是十分专业化的活动，需要专业负责人履行多项专业化职能，内在要求专业负责人具备相应的资源基础，也就是个性特征、知识与技能。

访谈中，可以感受到专业负责人、普通教师、学校行政管理人员都十分看重专业负责人的个性特征与能力对专业建设及质量文化培育的重要影响。下面以两段访谈实录为例。

其实作为一名教师，都会希望自己的专业发展得好，也寄希望于专业主任。专业主任要能干实事，但前提是他的能力要强，不能自己没思路。我接触过我们的专业主任，我挺佩服他的，我觉得他人挺好，挺好相处，也愿意帮助别人，还没什么私心，一心想把专业上的事情做好。当然，我最佩服的是，他对如何发展专业很懂，这不仅仅是他个人很懂专业知识，懂得大部分专业课程，而且他对整个专业往哪个方面发展很清楚，也知道如何实现专业发展中设定的目标。他在我们专业中很有威信，老师们比较愿意按照他的要求做。（JS7-27）

我们学校比较重视专业带头人，每个专业都有设置，这是对的，但我感觉我们学校的这些带头人，有不少是不合格的，也不是说自己的专业不行，就是仿佛只关注自己所负责的那一两门课，多管一点事都烦。你想，我们作为学院里的行政管理人员，有四五个专业，具体专业上的事肯定不懂，或者说有些事从程序上我们必须经过专业上过来，但你发一张表格给他，他都不愿意填的，或者即使填了，也是错误百出的。有几个专业带头人，可能在自己的专业领域有些影响力，所以牛得不得了，很难打交道，我们一般不接近他。（XZ9-26）

（二）学校组织层面因素

无论是高职专业质量文化生成实践，还是专业负责人质量文化领导行为实践，都无法脱离整个学校的组织环境，而且必然受到组织制度环境的影响与制约。不同的组织制度环境会对高职专业质量文化的生成产生影响，专业质量文化肯定受到学校文化环境制约，同样也会对专业负责人质量文化领导产生影响，可以说是专业负责人"想不想做""能不能做"的外因。具体来说，学校组织层面因素可以分解为组织文化氛围、专业建设机制、专业负责人发展的激励机制、专业负责人能力提升平台四个方面。

1.组织文化氛围

高职学校以及高职学校下设的二级学院（系）、专业都是组织，自然都会形成组织文化。关注与研究学校组织文化已经成为我国教育发展中的一个热点问题。组织依赖文化凝聚、激励、整合内外各种力量，将其统一于共同的指导思想和经营哲学。[①] 但是，关注与研究组织文化，绝非一件易事，"对传统研究提出了恼人的问题……虽然组织内部人员对其了如指掌，但实际中它却是无形的"[②]。学校文化亦如此，几乎"人人心中都有"，但"只可意会、不可言传"。萨乔万尼曾指出，"形成正确的文化以及关注教师、学生家长所共同认同的意义，是创造成功学校的两条基本规律"[③]。

学校教师的价值观念、道德规范、行为习惯等内在决定着其在学校组织中的工作和生活，共同构成学校组织的独特"个性"，营造出学校组织文化。组织文化堪称学校的"灵魂"，对学校的整体变革发展起着举足轻重的作用。理论上，组织文化是质量文化的上位概念，或者说质量文化是组织文化的内容之一；实践中，质量文化培育、质量文化领导行为自然受到组织文化氛围的影响。受访的专业负责人就组织文化对质量文化培育及质量文化领导行为的影响，都明确表达了切身体会。比如，有专业负责人认为："你跟我探讨什么是质量文化，让我明白了很多，但我很想说，其实这个东西我们是改变不了多少的。我理解，也是根据和你交流中感受到的，质量文化的关键就是我们专业的全体老师都能增加质量意识，都要有正确的育人观，我们平时也通过会议，通过活动来引导老师这样做，但我很难说这样的成效……我是觉得学校的、学院的大环境很重要。你想啊，我们置身在这样的环境中，很多时候我们也是身不由己，再说了，老师们接触这么广，又不仅仅限于我们专业这个小圈子，或者说，我们都置身于整个学校、整个系里的氛围中，我们是受大环境主导的。"（ZF17–29）

当然，也有人虽然承认每个专业的质量文化受学校、二级学院（系）组织文化氛围的影响较多，但专业与专业之间的确存在质量文化差异，这反过来说明了专业质量文化的培育具有自主性。"我们专业形成什么样的质量文化确实受

① 李成彦.组织文化——基于组织效能的视角[M].北京：北京大学出版社,2013:26.
② [美]罗伯特·欧文斯.教育组织行为学[M].7版.窦卫霖,等译.上海：华东师范大学出版社,2001:208.
③ Sergiovanny, T.J. Organization or Communities? Changing the Metaphor Changes the Theory[J]. Educational Administration Quarterly, 1993,30(2):214–226.

学校整个质量文化氛围的影响，也受我们系里质量文化氛围的影响，但我还是想说，你看我们系里四个专业之间并不一样，氛围不一样，你要调查的这个质量文化也不一样。比如，每年底，我们都会举办毕业展，各个专业的作品都摆在一个大展厅里。平心而论，虽然专业与专业之间的学生作品不好横向比较，但像我们搞专业的，还是能看得出每个专业对毕业展的认真程度，有的就是比较应付，或者说不够认真。我觉得这跟每个专业的人有很大关系，我们专业的人，对教学都是很认真的，对搞毕业展这样的事情诚惶诚恐的，觉得这是大事，展出去效果不好，我们感到丢脸（因为这个展览是面向用人单位的），对学生的就业都有影响的。在筹备展览的时间里，如果全靠白天肯定不够用，那我们专业的老师都要加班的，晚上还要带着学生干，这个其他专业都做不到这样的。"（ZF19-25）

2.专业建设机制

高职学校专业建设是促进人才培养特色形成、推动高职教育内涵式发展的核心和基础性工作。专业建设机制是一个综合且抽象的概念，它的的确确存在，却很难统一界定内涵。有研究认为，高职学校需要从以专业为支点的教学管理机制、高水平专业带头人的人才培养机制、人财物合理配置机制、公平合理的考核评价机制等方面入手构建专业建设机制。[①] 由此可见，专业建设的内涵非常丰富，涵盖了专业带头人及师资队伍建设、建设经费及资源配置、教学管理、考核评价等方面。在这一内涵分析中，虽然表面上没有出现质量文化培育，但质量文化作为"软性"要素，其内涵都隐含在专业建设机制的各方面内容之中，只是表述视角不同而已。

质量文化培育是专业建设的重要内容，质量文化现状如何深受专业建设机制的制约，专业负责人质量文化领导自然深受专业建设机制的影响。比如，有的受访对象认为当前高职专业质量评价政策不利于实施质量文化领导。"跟你交流了这么多时间，我对专业质量文化的理解加深了，其实我原先是有我的理解

---

① 黄娟.高职专业建设机制与内容的思考 [J]. 岳阳职业技术学院学报,2017(5):41-43.

的，但没有你研究得透彻，我们一深入地聊，我就懂了，但我想说无论是质量文化生成还是质量文化领导，我们想达到的都是理想状态啦，是很难实现的。比如，我们希望质量文化领导是凭理念引领的，凭的是文化支撑，凭的是达成共识，可现实就是各种考核压着你。上面重视人才培养质量是对的，我们专业也明白质量对专业发展的重要性，没有质量，专业咋能办得下去呢？可现实就是你要填各种表格、做各种数据、写各种总结，数据说话，结果为王，弄得大家疲于应付，精疲力竭，咋还管得上质量文化呢？你不弄不行啊，现在教育厅、学校评价专业，全看这些的，你数据不好，报告不行，就评不上优势专业、特色专业、骨干专业、重点专业，没有这些'帽子'，就代表你的专业不好，你的专业就没啥前途了。"（ZF27-43）

也有的受访对象认为当前高职专业建设机制中专业负责人实际承担的角色不利于实施质量文化领导。"我在学校里职教研究所工作，对学校管理体制应该是有所了解的，也算是搞职教理论研究的。我们理论上说专业负责人不是行政领导，是依靠影响力发挥领导作用的，但现实中人们还是把他当作行政管理者来看待的。学校里提两级管理，也就是校院二级，但这是从行政管理的角度来看。但从另一种视角看，或者干脆说是从学术治理的视角看，学校里有三级，学校一级，学院一级，专业一级，也就是三层架构吧。专业负责人这一级，没有行政级别，并不是行政管理者的身份，仍然属于教师，那他手里就没有权力，在人、财、物等资源配置上可以说是没有发言权的，但是呢，专业这一级的事务、工作，都要找到他，专业级教学组织又实质上成了整个行政管理链条的最末端。所以，专业负责人，其实有些夹心饼干的味道，有时挺为难的。"（XZ7-39）

3.专业负责人发展的激励机制

作为领导行为主体，专业负责人是高职专业质量文化培育的关键人物，他"想不想做"，也就是要投入专业建设的动力倾向（主要是前面提到的身份认同和成就动机）的强弱，除受自身因素主导之外，还受外部激励机制的影响。专业负责人发展的激励源泉是多方面的，有来自社会的、来自政府的、来自学校的，也有来自二级学院（系）的。在本书中主要探讨高职学校及二级学院（系）助推专业负责人发展的激励机制。

从访谈中可以看出大家最关注的是职称评审制度，大多数受访者在谈及专业负责人发展的激励机制问题时都提到职称评审和岗位设置制度，认为当前高职学校的职称评审和岗位设置制度不能有效激发专业负责人的积极性。有受访者说："现在大家都很关注职称，没办法，我们的很多东西都是跟职称挂钩的，不仅是收入上的问题，你有了高职称，出去参加社会活动，面子都好看很多，还有就是报各种项目，稍微高一些层次的项目都有职称要求，所以我们专业带头人，也挺想评职称的。职称评审大家很看重，竞争激烈的。可是我觉得学校职称政策并没有给专业带头人带来什么优惠，以前么，主要是看论文看课题，最近几年也有改革，分成了教学型、教学科研并重型、社会服务型等，有改革是好事，但似乎并没有太多体现专业建设成效的项目。比如专业带头人花尽心思组织讨论专业人才培养方案并打磨文稿，但在职称评审表里都找不到合适的地方填写；再如专业带头人花费不少精力和企业谈合作、建基地，写是能写到职称评审表格相关栏目里，但真正评审时也不会得到评委多少重视。这样我们专业带头人并不愿意花太多精力放在专业上，而是想把精力放在自己的事情上。"（ZF2-33）

再如，"我在学校人事处工作，对学校里岗位设置制度比较清楚。当前高职学校岗位设置分两类：专业技术岗位和管理岗位。你说的专业负责人，既具有对管理岗位的熟悉，更是对本人的专业技术能力要求很高，可以说两者的属性都具备，很特殊"（XZ1-33）。

也有专业负责人认为："自己承担的工作很多，贡献不少，但在经济上并没有什么特别待遇。我做的事不少，每天从早忙到晚，专业上的大事小事都要管的，但是这些繁忙的价值并不能得到体现……我跟你说吧，我因为这个专业负责人，在我们学校，津贴连担任一个班主任都不如呢，但我可以说这个专业负责人比班主任要忙好几倍。有时我在想，这个为什么呢？我觉得这可能是观念所致，因为上过学的人都知道，班主任很重要，但专业负责人呢，可能也就是我们高职学校有。在大家的观念中，专业负责人的重要性并不能被真正认识到，也没有领导会想到专业负责人待遇的事情。而且当年一设置的时候，应该没有现在这么多事情，可现在不一样啊，专业负责人的事情总是在增多。可是活越来越多，但津贴不涨啊……"（ZF8-38）

4.专业负责人能力提升平台

专业负责人所从事的工作具有较强的专业性，专业身份是专业负责人的第一身份，因此专业负责人需要不断提高自己。教师专业发展的理智取向论认为，接受培训、听取专家指导意见和个体的着意训练等是教师专业发展的主要途径。①理智取向论同样适用于高职学校专业负责人，他们需要不断提升自我，从而做出有效的专业建设行为。

专业负责人能力发展不仅需要"个体的着意训练"，还需要高职学校及二级学院（系）提供各类能力提升平台。在访谈中，多名专业负责人都希望学校能够为他们设计和提供更多的培训、研究和实践等项目，以帮助专业负责人提升自身的素质和能力。比如，"做好专业主任，最重要的途径还是加强学习。因为我们都是搞专业的，在读大学和读研究生时，都学习的是自己的专业。毕业了到学校工作，开始担任专业教师吧，主要是上课、带学生。现在要来负责一个专业，虽然对专业是懂的，对教学是知道的，但毕竟不一样，也就是搞专业和搞专业建设，还有你说的质量文化领导，真的不一样，所以我觉得还是需要一些引导的，那么我很想学校能够组织一些培训，专门针对专业主任的培训"（ZF1-31）。

也有曾经担任过专业负责人的老教师，用亲身经历证明了培养、研究和实践等项目对专业负责人能力提升的重要性。他说："我是一名老教师，以前做过专业负责人，但那是好些年前的事情了，后来专业上有了比较成熟的年轻人，就让他做了。我做的时候，就觉得自己对专业建设的话语体系不掌握，很多职业教育理念不清楚，甚至是没啥理念的。好像一些话语都听不懂的。那时也会

---

① 靳玉乐，王磊 . 理智取向教师专业发展的理念与策略 [J]. 教师教育学报 ,2014,1(6):23-31.

去听一些专家的讲座，但听的时候常常有云里雾里的感觉。其中的原因主要是我们听听专家讲座，其实是很不系统的，因为专家往往只讲一方面，很多时候是最新的东西，但我们对职业教育的基本理论可能都是不清楚的，所以听起来会感觉特别累。有时前面听后面忘，一点长进都没有的。我专业负责人不做了，他们年轻人接我的做，但我觉得也存在这些问题。有时我们开教研会讨论事情，我觉得有时他传达上面的文件或国家的政策，哪怕是一些学习专业教学标准，他好像都比较陌生，有时就是读读，好像自己都没弄清楚。我作为老人，我也不好意思多说，不能打击年轻人积极性的，所以我就建议学校能够多进行专业负责人培训。不是零零星星的培训，而是系统性的，最好能集中一段时间，而不是'打游击'一样的。"（JS6-36）

笔者通过考察认为，目前，无论是上级教育行政部门还是高职学校，对专业负责人的培训已经逐步重视，并有所组织。笔者在对 30 位专业负责人的访谈中，问过有没有以专业负责人的身份参加过专业建设或质量管理方面的培训，有 19 位表示了肯定。但是，即使开展了培训，这方面还是存在不少问题，首先是培训形式单一，基本上为"讲座式"培训，而且培训内容缺乏系统、针对性差；其次是专业负责人都是在繁忙的工作之中抽空参加培训，很多时候敷衍了事，培训效果并不好；最后关于专业负责人的能力提升平台，并不仅仅指培训，还应该包括研究、实践以及其他形式的提升平台，但是实际工作中，专门针对专业负责人实施的研究、实践以及其他形式的提升项目比较少，专业负责人的能力提升平台亟待多样化。这些在"高职学校专业负责人质量文化领导的优化策略"部分还将论述。

第二节　高职专业负责人质量文化领导影响因素的验证

一、验证分析的目的与假设

前面通过专题研究和对访谈文本资料的梳理与归纳，对高职专业负责人质量文化领导的影响因素形成了理论建构，将影响因素分为个体层面和学校组织层面。个体层面具体分解为专业负责人的身份认同、成就动机、对质量文化内涵的认知、个性特征与能力四个方面，学校组织层面具体分解为组织文化氛围、专业建设机制、专业负责人发展的激励机制、专业负责人能力提升平台四个方面。但是，笔者认为仅仅是理论建构还不够，还需要通过问卷调查和统计分析，以定量研究方式进一步验证高职专业负责人质量文化领导与影响因素之间的相关性、个体层面因素和学校组织层面因素对高职专业负责人质量文化领导的预测作用等问题。

在验证研究中，根据量化研究的目的及需要，提出以下 5 个假设：

假设 1：高职专业负责人质量文化领导 8 个影响因素与行为框架 6 个维度之间具有正相关性；

假设 2：高职专业负责人质量文化领导 8 个影响因素之间具有正相关性；

假设 3：高职专业负责人质量文化领导 8 个影响因素对高职专业负责人质量文化领导具有正向预测作用；

假设 4：高职专业负责人的 7 个人口统计学特征对质量文化领导具有正向预测作用；

假设 5：个体层面影响因素在学校组织层面影响因素预测高职专业负责人质量文化领导上具有中介作用。

二、问卷设计与调查实施

上一章中已明确，本书开展实证调研时开发了自编问卷"高职专业负责人质量文化领导现状及影响因素调查问卷"，其中现状调查部分将行动框架中 22 个行动维度作为问卷题项，而影响因素调查部分选取的就是通过质性访谈中理论建构的 8 个因素作为问卷题项（见表 5-2）。也就是根据 8 个影响因素设计了 8 个选择题项，要求专业负责人在填写问卷时根据自己的认识和感受作答。通过对专业负责人 8 个题项选择结果的数据处理与统计分析，验证研究假设。

表 5-2　高职专业负责人质量文化领导影响因素调查题项一览

影响因素		调查题项
个体层面	身份认同	您对专业负责人的身份认同吗？愿意承担统领自己所在专业建设及质量文化培育的职责吗？
	成就动机	您希望自己能够在统领专业建设及质量文化培育中做出好成绩吗？
	对质量文化内涵的认知（内涵认知）	您对高职专业建设及质量文化培育的内涵、意义和路径了解吗？
	个性特征与能力（个性能力）	您认为自己具有做好专业建设并培育质量文化的知识和能力吗？
学校组织层面	组织文化氛围	您认为您的学校及本专业所在院系具有有利于自己做好专业建设及人才培养工作的良好文化氛围吗？
	专业建设机制	您认为您的学校及本专业所在院系具有有利于自己统领专业质量文化培育工作的专业建设机制吗？
	专业负责人发展的激励机制（激励机制）	您认为您的学校的各方面政策能够激励自己开展质量文化培育，做好专业建设工作吗？
	专业负责人能力提升平台（提升平台）	您认为您的学校提供了较多的培训和发展平台来支持您提升自身能力吗？

由于本部分题项和现状调研题项是设计在一份问卷之中的，所以本部分问卷实施是和现状问卷同步进行的，问卷样本同时获取，同样收到 529 份答卷。验证分析也就是依据这 529 份答卷进行的。

三、数据验证结果与讨论

（一）高职专业负责人质量文化领导与影响因素之间的相关性分析

相关性分析（correlation analysis）是指对两个及以上相互关联的变量元素进行分析，从而衡量它们之间的密切程度。本书在数据处理中，对高职专业质量文化领导行为框架 6 个维度与 8 个影响因素之间的相关性进行了统计分析，并对 8 个影响因素彼此之间的相关性进行了统计分析，统计结果如表 5-3 所示。

表 5-3　高职专业负责人质量文化领导与影响因素之间的相关性（N=529）

变量	质量愿景塑造	团队合力凝聚	教学资源整合	课程教学组织	质量绩效改进	专业发展引领	1	2	3	4	5	6	7
1.身份认同	0.75	0.77	0.73	0.75	0.71	0.76							
2.成就动机	0.59	0.61	0.59	0.60	0.54	0.62	0.72						
3.内涵认知	0.78	0.79	0.77	0.78	0.79	0.79	0.75	0.55					
4.个性能力	0.82	0.82	0.81	0.81	0.81	0.84	0.76	0.63	0.81				
5.学校文化氛围	0.79	0.79	0.79	0.78	0.79	0.76	0.74	0.57	0.75	0.76			
6.专业建设机制	0.75	0.77	0.77	0.74	0.77	0.75	0.69	0.55	0.73	0.74	0.89		
7.激励机制	0.73	0.73	0.74	0.71	0.74	0.70	0.65	0.48	0.70	0.69	0.86	0.87	
8.提升平台	0.72	0.73	0.74	0.73	0.73	0.70	0.63	0.48	0.69	0.66	0.78	0.79	0.82

通过表 5-3，可以看出 8 个变量（8 个影响因素）与 6 个维度之间的相关性，比如"身份认同"与"质量愿景塑造"之间的相关性系数为 0.75，"内涵认知"与"团队合力凝聚"之间的相关性系数为 0.79，"成就动机"与"教学资源整合"之间的相关性系数为 0.59，"学校文化氛围"与"专业发展引领"之间的相关性系数为 0.76……也可以看出 8 个变量（8 个影响因素）彼此之间的相关性，比如"内涵认知"与"身份认同"两个影响因素之间的相关性系数为 0.75，"成就动机"与"内涵认知"两个影响因素之间的相关性系数为 0.55，"个性能力"与"成就动机"两个影响因素之间的相关性系数为 0.63，"专业建设机制"与"学校文化氛围"两个影响因素之间的相关性系数为 0.89……总之，通过数据处理可知，高职专业质量文化领导行为框架 6 个维度与 8 个影响因素之间的

相关系数和 8 个影响因素彼此之间的相关系数均大于 0，呈正相关。[①]

（二）高职专业负责人质量文化领导与影响因素之间的主效应分析

因素的主效应是析因试验设计中的基本概念。在对一个及以上因子（自变量）的多水平实验中，计算并描述因子在各水平上对反应量（因变量）影响大小的程度，就是主效应分析。本书在调研数据处理中，运用线性回归分析方法在高职专业负责人质量文化领导与影响因素之间进行了主效应分析，分析了 7 个控制变量（即 7 个人口统计学特征）、4 个个体层面和 4 个学校组织层面因素对质量文化领导的影响大小。当然，需要说明的是，在主效应分析中，是在平均意义上进行估算，往往会出现某个效应值比较小，但也并不意味着这个因子不重要。主效应分析结果如表 5-4 所示。

表 5-4　个体层面因素和学校组织层面因素对质量文化领导的主效应分析（N=529）

变量	质量文化领导		
控制变量			
性别	0.07	0.03	0.02
学校层次	− 0.14★★	− 0.06★	0.01
专业层次	0.02	− 0.01	0.03
职称	0.17★★	0.06★	0.06
年龄	0.04	0.02	0.01
企业工作经验	− 0.43★★★	− 0.08★★★	− 0.16★★★
承担专业负责人职责年限	0.17★★★	− 0.04	0.08
个体层面因素			
身份认同		0.20★★★	
成就动机		0.02	
内涵认知		0.25★★★	
个性能力		0.47★★★	
学校组织层面因素			
学校文化氛围			0.39★★★
专业建设机制			0.22★★★

[①]　当相关系数小于 0 时，称为负相关；大于 0 时，称为正相关；等于 0 时，称为零相关。

续表

变量	质量文化领导		
激励机制			- 0.04
提升平台			0.25***
R^2	0.28	0.82	0.75
Adjusted R^2	0.27	0.82	0.75
F	29.23***	209.37***	142.80***
ΔR^2	0.28	0.54	0.47

注：* $p<0.05$；** $p<0.01$；*** $p<0.001$。

通过表 5-4 中"质量文化领导"下面的三列数字，可以看出不同情况对高职专业负责人质量文化领导的预测作用：第一列表示的是 7 个控制变量在不考虑 8 个影响因素的情况下对高职专业负责人质量文化领导的预测；第二列表示的是 7 个控制变量加上 4 个个体层面因素的情况下对高职专业负责人质量文化领导的预测；第三列表示的是 7 个控制变量加上 4 个学校组织层面因素的情况下对高职专业负责人质量文化领导的预测。另外，R^2 称为绝对系数（就是相关性系数的平方），显示了所有变量加起来之后对质量文化领导的预测；Adjusted R^2 指调整后的绝对系数；ΔR^2 显示了二阶回归方程的 R^2 在原回归方程基础上的增量（第一列的 ΔR^2 即为第一列的 R^2，第二列的 ΔR^2 等于第二列的 R^2 减去第一列的 R^2，第三列的 ΔR^2 等于第三列的 R^2 减去第一列的 R^2）。

根据表 5-3 所示，控制变量中，学校层次（$\beta=-0.14$，$p<0.01$）、职称（$\beta=0.17$，$p<0.01$）、企业工作经验（$\beta=-0.43$，$p<0.001$）和承担专业负责人职责年限（$\beta=0.17$，$p<0.001$）对质量文化领导有显著影响，即学校层次越高，质量文化领导的水平越高，有企业工作经验的比没有企业工作经验的质量文化领导水平高，职称越高，质量文化领导水平越低，专业负责人任职年限越长，质量文化领导水平越高。性别、专业层次和年龄对质量文化领导的影响不显著。将人口统计学特征因素作为控制变量纳入对质量文化领导作用机制的分析之后发现，人口统计学特征因素对专业负责人质量文化领导的作用非常复杂，和理论预期也不完全一致，这说明人口统计学特征性质的经验、经历等因素在质量文化领导中能否发

挥作用是有条件的。

在加入控制变量之后，个体层面因素中，身份认同（$\beta= 0.20$，$p< 0.001$）、内涵认知（$\beta= 0.25$，$p< 0.001$）和个性能力（$\beta= 0.47$，$p< 0.001$）对质量文化领导有显著的正向影响，身份认同、内涵认知和个性能力的得分越高，质量文化领导的水平越高。个体层面因素中，成就动机对质量文化领导的影响不显著。在加入控制变量之后，学校组织层面因素中，学校文化氛围（$\beta= 0.39$，$p< 0.001$）、专业建设机制（$\beta= 0.22$，$p< 0.001$）和提升平台（$\beta= 0.25$，$p< 0.001$）对质量文化领导有显著的正向影响，学校文化氛围、专业建设机制和提升平台得分越高，质量文化领导的水平也越高。学校组织层面因素中，激励机制对质量文化领导的影响不显著。

（三）学校组织层面因素通过个体层面影响高职专业负责人质量文化领导的中介效应分析

通过前面的统计分析，总体来说个体层面影响因素和学校组织层面影响因素都对高职专业负责人质量文化领导具有显著的预测作用。在这里，我们需要进一步思考并验证个体层面因素和学校组织层面因素的关系。个体层面因素不是脱离于整个组织环境的，必然受到来自组织环境的影响与制约，不同的组织环境因素会对高职专业负责人个体层面因素产生影响，反之，组织层面因素对质量文化领导发展产生影响，主要是通过对个体层面因素的影响而发生。由此，我们提出了研究假设——"个体层面影响因素在学校组织层面影响因素预测专业负责人质量文化领导发展上具有中介作用"，并在统计分析个体层面因素和学校组织层面因素对质量文化领导的主效应的基础上，进一步探索个体层面因素的中介效应。对研究假设验证分析，也就是中介效应分析的结果如表5-5所示。

表 5-5　学校组织层面因素通过个体层面影响高职专业负责人质量文化领导的
中介效应分析（N=529）

变量	中介效应量(γ)				
	身份认同	成就动机	内涵认知	个性能力	总效应
学校文化氛围	0.04*	0.00	0.04*	0.11*	0.19*
专业建设机制	0.02*	0.00*	0.03*	0.08*	0.13*
激励机制	− 0.01	− 0.00	0.00	− 0.01	− 0.02
提升平台	0.02*	0.00	0.02*	0.03	0.07*

注：因变量为质量文化领导，* $p < 0.05$。

从表 5-5 可以看出，在控制了性别、学校层次、专业层次、职称、年龄、企业工作经验和承担专业负责人职责年限等 7 个人口统计学特征变量之后，4 个学校组织层面因素是自变量，4 个个体层面因素就是中介变量，专业负责人质量文化领导则是因变量。在量化研究中，将自变量、中介变量和因变量同时纳入回归方程，探索学校组织层面因素通过个体层面因素影响质量文化领导的整体效应。

通过整体回归分析发现，学校文化氛围（自变量）通过个体层面因素显著影响质量文化领导，其中身份认同的中介效应量为 0.04，成就动机的中介效应不显著（为 0.00），内涵认知的中介效应量为 0.04，个性能力的中介效应量为 0.11，那么个体层面因素的中介效应总量为 0.19（等于 0.04+0.00+0.04+0.11）。

专业建设机制（自变量）通过个体层面因素显著影响质量文化领导，其中身份认同的中介效应量为 0.02，成就动机的中介效应不显著（为 0.00），内涵认知的中介效应量为 0.03，个性能力的中介效应量为 0.08，那么个体层面因素的中介效应总量为 0.13（等于 0.02+0.00+0.03+0.08）。

激励机制（自变量）通过个体层面因素对质量文化领导的影响不显著，其中身份认同的中介效应量为 –0.01，成就动机的中介效应量为 –0.00，内涵认知的中介效应量为 0.00，个性能力的中介效应量为 –0.01，那么个体层面因素的中介效应总量为 –0.02（等于 –0.01–0.00+0.00–0.01）。

提升平台（自变量）通过个体层面因素显著影响质量文化领导，其中身份认同的中介效应量为 0.02，成就动机的中介效应不显著（0.00），内涵认知的中介效应量为 0.02，个性能力的中介效应量为 0.03，那么个体层面因素的中介效应总量为 0.07（等于 0.02+0.00+0.02+0.03）。

通过中介效应分析，检验了前面的研究假设，也就是"个体层面影响因素在学校组织层面影响因素预测专业负责人质量文化领导发展上具有中介作用"。但是笔者发现，中介效应分析显示"激励机制"通过个体层面因素对质量文化领导的影响不显著，而且在主效应分析中，学校组织层面的"激励机制"对质量文化领导的影响也不显著，这些结论和理论假设不一致，引起了笔者的好奇与关注。笔者调取了原始问卷，发现专业负责人在回答"您认为您的学校的各方面政策能够激励自己开展质量文化培育，做好专业建设工作吗？"时，基本上都选择了"比较不能够"或"非常不能够"，笔者猜想专业负责人普遍对学校的激励机制不满意、不满足，在这种不满意、不满足情绪主导下的回答往往很难解释专业建设及质量文化领导的成效，从而在数据处理结果中就显示出"影响不显著"。

笔者还注意到，在学校组织层面因素通过个体层面因素影响质量文化领导的中介效应分析中，"成就动机"的中介效应量均不显著，而且在主效应分析中，个体层面的"成就动机"对质量文化领导的影响也不显著，这些结论和理论假设亦不一致。笔者调取了原始问卷，发现专业负责人在回答"您希望自己能够在统领专业建设及质量文化培育中做出好成绩吗？"时，基本上都选择了"非常希望"或"比较希望"，笔者猜想无论专业负责人在实际工作中的态度、付出及成效如何，但是当面对这样的问题的时候，都还是会作出积极的回答，而这样的回答和他在实际工作中是否具有真正的成就动机已经不一致。笔者同样认为，这种积极心态支配下的回答，很难解释其在专业建设中的实际行动和专业建设及质量文化培育的实际成效，而在数据处理结果中就显示出"影响不显著"。

第三节　高职专业负责人质量文化领导影响因素研究的主要结论

根据研究目的与设计方案，本节对 30 高职学校专业负责人和 19 位教师、行政管理人员开展了访谈，对 529 名专业负责人开展了问卷调查（皆与上一章"现状研究"同步进行）。通过对访谈结果、问卷结果的处理与分析，本书关于高职专业负责人质量文化领导的影响因素，主要有以下结论。

一、"两层面八因素"构成影响因素集合

基于相关研究成果，本书首先将高职学校专业负责人质量文化领导影响因素的框架大致界定在"个体层面"和"学校组织层面"。然后，通过对质性访谈第一手资料的提炼，识别和提取了 8 个方面影响因素集合（见表 5-6），并提出了相应的理论假设。在问卷调研结束后，采用线性回归分析方法对理论假设进行检验，通过数据处理可知，高职专业负责人质量文化领导行为框架 6 个维度与 8 个影响因素之间的相关系数和 8 个影响因素彼此之间的相关系数均大于 0，呈正相关。相关性分析验证了本书关于影响因素的理论假设，验证结果如表 5-7 所示。

表 5-6　高职专业负责人质量文化领导影响因素集合

层　面	影响因素
个体层面	身份认同
	对质量文化内涵的认知（内涵认知）
	成就动机
	个性特征与能力（个性能力）
学校组织层面	组织文化氛围
	专业建设机制
	专业负责人发展的激励机制（激励机制）
	专业负责人能力提升平台（提升平台）

表 5-7　高职专业负责人质量文化领导影响因素假设验证结果一览

序号	假设检验内容	验证结果是否支持
假设 1	高职专业负责人质量文化领导 8 个影响因素与行为框架 6 个维度之间具有正相关性	支持
假设 2	高职专业负责人质量文化领导 8 个影响因素之间具有正相关性	支持
假设 3	高职专业负责人质量文化领导 8 个影响因素对高职专业负责人质量文化领导具有正向预测作用	支持
假设 4	高职专业负责人的 7 个人口统计学特征对质量文化领导具有正向预测作用	支持
假设 5	个体层面影响因素在学校组织层面影响因素预测高职专业负责人质量文化领导上具有中介作用	支持

二、影响因素和人口统计学特征因素形成内在作用机制

本书通过质性研究对高职专业负责人质量文化领导影响因素进行了理论建构，并在定量研究过程中贯彻提出假设—进行证明—理论修正与整合的技术路线，最终认为高职专业负责人质量文化领导能效水平不仅仅基于专业负责人对高职专业质量文化内涵的领悟和自身的个性特征与能力，还基于自己对所承担工作的角色认同、价值认可而内生性地激发出来的积极性与主动性，同时专业负责人在与组织期待的互动过程中，在推进专业建设及质量保障过程中，会通过多种途径实现质量文化领导水平能效的提升。

在数据处理中，在验证个体层面因素和学校组织层面因素对质量文化领导的主效应的基础上，进一步探索了个体层面因素在学校组织层面因素影响专业负责人质量文化领导中的中介效应。而且在主效应和中介效应的验证中，都考虑了上一章中论及的"人口统计学特征因素"。在主效应验证中，先是验证了 7 个控制变量在不考虑 8 个影响因素的情况下对高职专业负责人质量文化领导的预测，再是验证了 7 个控制变量加上 4 个个体层面因素、4 个学校组织层面因素的情况下对高职专业负责人质量文化领导的预测。在中介效应检验中，将 4 个自变量（4 个学校组织层面因素）、4 个中介变量（4 个个体层面因素）和 7 个控制变量（学校层次、专业层次、性别、职称、年龄、企业工作经历、承担

专业负责人职责年限等 7 个人口统计学变量特征）同时纳入回归方程，探索学校组织层面因素通过个体层面因素影响质量文化领导的整体效应。

在该部分研究中，对影响因素作了较为细致的理论探讨和揭示，又对影响路径和作用机制作了较为严格的实证分析。研究认为，各影响因素内在形成作用力，影响着高职专业负责人质量文化领导。同时，人口统计学特征因素，既是质量文化领导现状研究部分的现状分析条件，又应该成为探索质量文化领导影响机制需要考虑的因素。综合上述研究结论，可以建构出高职专业负责人质量文化领导影响因素作用机制的理论模型，如图 5-1 所示。

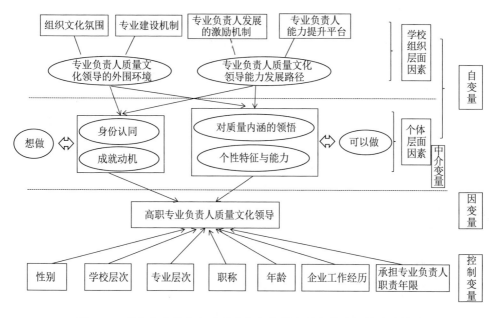

图 5-1　高职专业负责人质量文化领导影响因素作用机制理论模型

第六章

CHAPTER 6

高职专业负责人质量文化领导的优化策略

专业建设在高职学校内涵发展中居于核心地位，专业负责人作为专业建设"领头羊"，必然需要在质量文化培育与生成中履行领导职责。当前，国家推进高职教育高质量发展，高职学校改革与建设如火如荼，加快培育与生成质量文化，增强专业内涵"软实力"，愈加凸显重要性和紧迫性。但是，通过对高职专业负责人质量文化领导现实状况调研可知，专业负责人质量文化领导在"实然"与"应然"之间还存在不小的差距，亟须寻找"使然"路径，谋求改进与提升。

高职专业负责人质量文化领导的实施、改进与提升，绝不是一蹴而就的结果，是动态和持久的过程，也是非理性、非线性的复杂与循环的系统。有效改进与提升专业负责人质量文化领导，不仅与专业负责人的身份认同、成就动机、发展愿望和行动策略有关，与专业负责人的角色定位和领导能力有关，也与学校管理体制机制及文化氛围有关。专业负责人质量文化领导改进与提升的动态体系本身具有自主性和自组织性，专业负责人是主体，各种相关元素对主体的影响和作用通过专业负责人自身整合到其思想与行为中，转化为改进与提升的内在力量。专业负责人质量文化领导动态、循环、复杂、持久的改进与提升过程，本身就是促进高职学校专业质量文化追求卓越、达到升华的过程。

本书认为，必须把高职学校专业负责人质量文化领导的实施、改进与提升当作一项复杂、系统和持久的工程来规划实施。根据前面对高职专业负责人质量文化领导的行为框架、现实状况、影响因素的研究结论，结合访谈和资料查找中接触到的相关先进经验和典型做法，在此从理念提升、角色嬗变、能力强化、环境支持四个方面，整合提出优化专业负责人质量文化领导行为的策略建议。

第一节　优化高职专业负责人质量文化领导的理念提升策略

理念是行动的先导。受传统领导理念主导，我国高职学校领导总是以组织赋予的权力为基础，凭借行政权威、规章制度实施管理。随着后现代学校领导理论的发展，科层制管理模式之下基于技术理性的传统领导理念因产生"权威支配"的僵化现象而遭到强力批判。在学习型组织的理想模式下，价值关怀、德性、信任这些曾经被"现代"边缘化的价值观成为核心理念，成为后现代学校领导的出路。运用后现代主义学校领导理论观照高职学校专业建设及质量提升，亟须唤醒专业负责人质量文化领导意识，其中包括"领导意识""文化意识""质量意识"，具体就是要专业负责人承认并唤起统领质量文化培育的自我责任担当意识，增强基于人才培养质量观认同的专业质量文化培育自觉，深化对专业质量文化内涵的理解与培育实践探索，以理念创新和观念共享推动质量文化生成。

一、承认并唤起统领专业质量文化培育的自我责任担当意识

依据影响因素研究结论，专业负责人实施质量文化领导的关键在于主体自身，而其前提是专业负责人具有领导质量文化培育与生成的动力倾向，也就是自我责任担当意识。专业负责人如何增强责任担当意识、促进质量文化领导意识觉醒？自我反思是主要途径。

"反思"（reflection），是哲学中广泛使用的概念之一。自我反思就是主体

对自身过去行为和经验的反思，是主体对自我角色高期待和对未来奋斗目标追求的体现。"经验＋反思＝成长"由美国著名的教育心理学家波斯纳（Richard A. Posner）提出，已成为耳熟能详的教师成长公式。如果没有反思，教师的教学就会单调重复，毫无创新；通过经验积累和不断的反思，量变必然达到质变。此道理对专业负责人来说同样适用。首先，专业负责人要反思自己在专业建设中的角色职责。作为高职学校专业建设中的灵魂人物，专业发展走向、专业教学团队的积极性和专业人才培养质量都与专业负责人的表现有着千丝万缕的联系，甚至相关性很大。现代管理学的"头鱼理论"认为，鲦鱼身体弱小，总以强壮者为首领，如果把"首领"鲦鱼的脑神经切除一些，它必将行为紊乱，其他鲦鱼也会出现类似现象。[①]"头鱼理论"适用于高职学校专业建设，专业负责人作为专业建设中的"头鱼"，必须增强自身的责任担当意识。

其次，专业负责人要把自己的专业建设管理实践作为审视对象，通过自我反思的方式客观、全面、深入地分析自己的管理实践经验，尤其是要反思专业质量管理中存在的问题以及改进策略，认识到专业质量文化培育的紧迫性，进而明确实施质量文化领导的目标和方向，增强对质量文化领导实践成效的信心。

专业负责人在自我反思中要特别破除两种错误认识。一是质量文化"高、大、上"的错误认识。访谈中了解到不少专业负责人认为自己如果能够完成专业建设中的具体任务已经很好了，根本没有精力和能力顾及质量文化培育。在"概念界定"中分析质量文化概念时已经明确，质量文化分成自然形成和主动建设两种类型，也就是说质量文化其实是客观存在的，没有必要把质量文化神秘化、学术化、书斋化，更不应该在专业建设中把质量文化拒之门外。相反，正是因为质量文化的必然存在，必须有主动培育意识，如果专业建设中缺少积极的质量文化因素，必然会阻碍人才培养质量目标的实现。二是质量文化领导"可望不可即"的错误认识。专业负责人大都认为自己并没有行政职务，只能是执行学校或二级院系交办的任务或"指令"，和自己谈"领导"简直是贻笑大

---

① 高岩 . 中小学校长教学领导胜任力提升研究 [D]. 重庆 : 西南大学 ,2015.

方。因此，专业负责人需要认识到，这里的"领导"不是置于科层制管理模式下传统领导理念语境之中的，按照分布式领导理论"人人都是领导者"的观点，专业负责人当然是领导。专业负责人实施质量文化领导，就是要摒弃传统的质量管理思想与做法，而运用文化领导的理念去推动专业质量文化生成，这是专业负责人自我反思之中对自己履行岗位职责的必然要求。目前，这两种错误看法或观点在受访的专业负责人之中非常普遍，几乎每一个专业负责人都有，而这恐怕是专业负责人实施质量文化领导中必须抛弃的最大思想障碍。

二、增强基于人才培养质量观认同的专业质量文化培育自觉

专业负责人领导质量文化培育，基础保证在于专业教学团队对人才培养质量观的认同和共享。在专业负责人质量文化领导行为框架研究中，形成了"1个核心""6个行为维度"的基本结论。"1个核心"就是人才培养质量观，对高职专业教学团队来说，人才培养质量观体现了团队成员对"为谁培养人""培养什么样的人""怎样培养人"的基本理念，而人才培养质量观的认同和共享就是专业教学团队成员对人才培养质量观的理解、接受、保护和实践过程，它的最高境界就是团队成员形成统一的人才培养质量观，而且每位成员都能把人才培养质量观转化为自己在教育教学过程中内在的坚定信念，并形成为一定的行为模式。专业负责人实践质量文化领导，与专业质量文化管理实践根本的区别就在于以人才培养质量观的认同和共享为核心手段来推动质量提升。专业质量管理追求对专业人才培养质量的控制，而质量文化领导则从文化或价值观层面超越了控制来探索专业质量管理与经营。质量文化领导就是通过重视质量意识、质量道德、质量价值观等软性因素，实现专业质量管理从"重技术"向"重文化"、由"硬"管理向"软"管理的转变。

基于人才培养质量观认同的专业质量文化培育，首先要求专业负责人澄清、确立自己的人才培养质量观。"持有明确而崇高的价值观，是领导者向组织注

入价值观的首要一步……才能清晰地向下属表达并充分沟通，以达成共识。"[①] 相关研究认为，随着社会经济发展和职业教育理念拓新，我国高职教育人才培养质量观经历了不同的转变。在计划经济长期影响下，职业学校从招生到就业均受政府的指令性调控，秉持"合规性"人才培养质量观；随着市场经济发展，职业教育人才培养以能否进入市场及其满足不同主体需要的程度为评判标准，形成"应需性"人才培养质量观；在经济技术飞速发展，各种新技术、新产品、新岗位层出不穷的现代社会，职业教育不仅要培养学生适应当前社会的需要，还要帮助他们适应未来社会发展的需要，亟须确立"发展性"人才培养质量观。[②] 对专业负责人来说，肯定具有自己的人才培养质量观，但是鉴于质量观的内隐性，并非人人都能说清楚，因此专业负责人必须不断地内省与实践反思，澄清自己的人才培养价值信念和标准，问清自己在专业人才培养工作中，应该追求什么，什么是值得提倡的，什么是需要反对的。从对职业教育领域"合规性"到"应需性"再到"发展性"的人才培养质量观演进的梳理中，专业负责人应该把握职业教育人才培养主流价值走向，明确"发展性"质量观在专业人才培养中的重要价值。同时，专业负责人要立足"共性与个性相统一"的原则，从而确立自己的人才培养质量观。不同区域、不同发展层次、不同特色院校的职业教育专业都有自己的个性，因此人才培养的质量标准和要求一定要与其个性相契合。

"一般认为，组织价值观是领导价值观的组织化改写。"[③] 因此，在质量文化培育中，专业负责人不仅需要澄清和确立自己的人才培养质量观，更重要的是需要引导和推动专业教学团队认同和共享质量观。这一要求是重点，也是难点，亦是目前亟待加强的，专业负责人应该将之作为重大"项目"来抓。推动人才培养质量观认同和共享的实现，是渗透在质量文化领导全过程、各维度之中并贯穿始终的。无论是逻辑推演还是实践体验均证明，价值观念、质量观念是很

---

① 刘艳茹. 价值领导：基于小学校长领导行为的研究 [D]. 上海：华东师范大学 ,2019.
② 刘克勇. 多元职业教育质量观及其质量保障体系的构建 [J]. 中国职业技术教育 ,2016(28):51—55.
③ 刘艳茹. 价值领导：基于小学校长领导行为的研究 [D]. 上海：华东师范大学 ,2019.

难明确传递的，需要一种基于体验的对话与交流，需要团队成员学会"自我引导下的改变"。如果要明确实施载体，其实是需要从本书设计的行为框架6个维度的22个子维度来梳理的，但为了简洁，在此仅阐述四种活动载体：一是文本研讨，专业负责人在人才培养方案、专业教学标准、专业建设方案等文本研制工作中，组织专业教学团队多次研讨、理解，进行价值传递；二是教研活动，围绕专业发展、课程体系、教学改革、学生核心素养、教学反思等主题，组织教学研讨活动，进行价值沟通；三是任务驱动，如日常教学管理、教学基本条件建设、人才培养状态数据填报或教师专业发展项目驱动等，凝聚共识；四是集体培训，通过专门组织围绕人才培养核心理念及实施进行集体培训，推进价值沟通与转化。

推进人才培养质量观的认同和共享，是个人与团队、组织及社会建立联系的过程，重在价值沟通和意义建构。在萨乔万尼的道德领导理论中，着重阐述了价值沟通、意义建构的重要性。他指出，人性具有利他性的认同，传统领导理论低估了人性，导致管理陷入两难之境，而价值型领导相信人类具有"为美好事物而做的"内在潜能，会选择有利于激发内在价值感的领导行为。[①]专业负责人推动人才培养质量观的认同和共享，正是质量文化培育的基本要求，也是其履行质量文化领导职责所探索的诸多实践路径的本质与关键，需要专业负责人在这方面不断提高理论自觉和践行能力。

三、深化对高职专业质量文化培育与生成规律的理解与探索

专业质量文化是什么、有什么特点与生成规律，这并不是本书的核心问题，但是研究专业负责人质量文化领导不可能回避这些问题，反而需要以对这些问题的探讨为基础。同样，在创新质量文化领导理念，改进与提升质量文化领导实践的过程中，自然需要不断深化对专业质量文化培育与生成规律的理解与探

---

① [美]托马斯·J.萨乔万尼.道德领导:抵及学校改善的核心[M].冯大鸣,译.上海:上海教育出版社,2004:118.

索。根据影响因素研究结论，专业负责人对质量文化内涵的认知与理解是影响质量文化领导的因素之一，专业负责人具有统领质量文化培育的责任担当意识虽然很重要，但这只是前提，还远远不够，必须不断深化对质量文化培育与生成规律的理解与探索。除了专业负责人本人需要加强质量文化的培育与建设，他还需要带领专业教学团队成员共同加深理解与探索。质量文化的生成与发展，特别是质量精神的发展，经历着一个持续累积和升华的过程，不可能一蹴而就、立竿见影。只有专业负责人具有对质量文化培育与生成规律的正确认知和理解，并带领专业教学团队不断创新质量文化理念，才谈得上凝心聚力推动专业质量文化建设与生成。深化对质量文化培育与生成规律的理解与探索的途径很多，本书重点提出以下三种。

一是持续的实践—反思。实践—反思不仅是专业负责人树立统领质量文化培育自我责任担当意识的重要途径，也是深化对专业质量文化培育与生成规律的理解与探索的重要途径。教育质量既具有客观性也具有主观性，高职教育人才培养质量的内涵及标准都是发展性的概念，质量文化培育与生成亦具有形成长期性的表征，在此过程中专业负责人要做有心人，从自己的质量文化领导实践及专业质量文化培育实践中反思与审视，形塑自己的人才培养质量观，并寻求组织核心价值与人才培养、专业发展之间的辩证关系，深化对质量文化培育与生成规律的领悟。

二是加强专业学习拓展理论基础。持续的实践—反思有助于专业负责人深化对质量文化培育与生成规律的理解与探索，但反思不能限于"无米之炊"，对规律的把握和实践经验的领悟需要扎实的专业知识做基础，这要求专业负责人加强专业学习，向书本学习、向同行伙伴学习、向团队成员学习，既学习自己所在专业的理论与实践知识，也要学习职业教育理论与实践知识，还要学习管理与领导领域的理论与实践知识。

三是引领组织学习。专业负责人创新质量文化领导理念，不仅需要自己不断加深对质量文化培育与生成规律的理解，还需要通过引领组织学习，带领专业教学团队成员共同探索。组织学习是学习型组织的主要标志，对促进员工与组织同步发展具有重要作用。[1]在持续的组织学习过程中，组织成员不断获取、传递并创造知识，以增强组织自身实力。通过组织学习，专业教学团队不断深化对专业质量文化培育与生成规律的认知与理解，并逐步形成共同的"质量愿景"。

第二节　优化高职专业负责人质量文化领导的角色嬗变策略

本书在阐述高职学校专业负责人实施质量文化领导的内在必要性时，引入角色理论，论证了专业负责人在质量文化培育中应该肩负领导职责的角色期待。但是，根据对专业负责人质量文化领导实施现状的访谈和问卷调研，专业负责人在质量管理中发挥着积极作用，但是存在领导意识薄弱、价值引领不足、领导能力不强等问题，专业负责人对自己的角色定位比较模糊、宽泛，更多地将自己置于专业质量管理执行者的角色，也就是说，专业负责人"应然"的角色定位与"实然"的角色定位之间存在相反的倾向。

"质量文化领导者"和"质量管理执行者"是两种角色定位，这两种角色的思维方式与行为特征是相抵牾的。前者体现了专业负责人具有很强的发展动力，以主动创新的思维方式，全面领导专业建设及质量管理工作，以共同体工作模式带领专业教学团队推动质量文化生成；后者是专业负责人扮演领命行事的角色，以个人工作模式上传下达、执行学校要求为主，监督执行上级交办的任务，不会主动思考专业建设的方式和质量提升的途径。本书认为，若要高职专业负责人持续性地实施质量文化领导，使之具有长久动力，必须从角色嬗变做起，角色嬗变是专业负责人形成身份认同、强化成就动机的前提。

角色期待包括了自我期望和组织期望。专业负责人可以通过对自身角色的领悟，来审视自我角色行为是否满足和符合角色期待，并重新调整角色定位及

---

[1]　刘艳茹.价值领导：基于小学校长领导行为的研究 [D].上海：华东师范大学,2019.

角色行为,努力使角色表现符合角色期待。但是,个体的角色定位和群体对其的角色定位是紧密相联的,专业负责人实现角色实践中的正确定位,个体因素固然关键,但也离不开体制机制的支持。本书认为,应该通过下移管理重心并向专业赋权、重构专业负责人的激励评价机制、推进专业负责人向专业化角色转变等途径,实现专业负责人从"质量管理执行者"到"质量文化领导者"的角色嬗变。

一、降低管理重心并向专业赋权增能

现代组织理论重视组织形态重塑问题,强调向组织底层赋权,以便于处于组织结构顶部的管理者能够获取和掌控更多信息来保证决策的科学性和及时性。这一组织形态变革理论同样适用于高职学校,在高职教育市场环境变化、外部竞争加剧以及社会职能日趋多元的当下,高职学校亟须向专业赋权,变革组织形态。"专业"日益成为高职学校内涵提升的重要抓手,专业建设重要性日益凸显,高职学校必须将管理重心下移至"专业"层面。如果专业建设的重心集中在学校或二级院系层面,必将是低效的,很难真正做精做细,因为只有一线教师才掌握着对专业发展最为重要和更有价值的知识。

内涵提升要求高职学校管理重心下移至"专业"层面,势必要求向专业负责人下放相应领导权限。高职学校应通过制度建设明确专业负责人作为专业教学团队中应享有的权利和应承担的职责,向专业赋权增能,为专业负责人的作用发挥创造良好的制度环境。在专业建设目标与方向的决策、人财物等专业教学资源的管理调配等方面,专业负责人必须拥有与其责任相统一的权力。高职学校通过向专业赋权增能,下放相应领导权,是从组织层面对专业负责人的准确定位和角色建构,也有助于专业负责人转变角色,实现身份认同。

通过制度建设向专业赋权增能,下放相应领导权,面临的亟须解决的现实问题是怎样降低专业负责人所肩负的行政性事务的工作量,让专业负责人从专业建设及质量管理的琐碎的工作杂务之中"解脱"出来,增强专业负责人学术领导的专业性。据笔者了解，有些高职学校在这方面已经有所尝试，比如在设置专业负责人的同时，又设置专业教研室主任，初衷是让专业负责人承担"领导"角色及相关职责，而让专业教研室主任承担一些行政性事务工作。但是，具体实施时一定要有明确的制度规定两者的角色定位和职责分工，促进两者形成较好的合作关系，以免导致规划与实施的背离。笔者就曾查阅并比对了某所高职学校的《专业带头人选拔及管理办法》和《教学研究室管理办法》，发现两个管理办法对两者的定位和职责分工并不清晰，对两者的要求都很全、都很高，没有体现分工上的移位，不难料到在具体执行时两者很难实现顺畅的合作关系。

本书也建议，可以考虑设置专业秘书，由其在专业负责人指导下完成相关行政性事务。当然，专业秘书的设置，一定要结合实际，如果是一些学生规模较大、事务性工作较多的专业，可以尝试设置专职专业秘书，而对一些学生规模较小、受师资编制数所限没有条件设置专职专业秘书的情况，可以设置兼职专业秘书，由专业上一些年轻教师担任。同时，需要指出，在现有的组织架构中，二级院系要进行权责调整，二级院系层面的教科、学工等行政管理科室要强化专业建设的服务定位，尽可能多地承担与专业建设相关的行政性事务。总之，要让专业负责人从事无巨细的行政琐务中"解脱"出来，腾出时间和精力在专业建设和质量文化培育中发挥好引领、示范、带头作用。

二、重构专业负责人的激励评价机制

激励评价制度导向偏离专业负责人应该肩负的角色、职责及内容是导致专业负责人成就动机弱化的重要原因。为了能够激发高职学校专业负责人的工作积极性，促进他们在专业质量文化培育与生成中清晰准确地定位角色，更好发挥领导作用，应该基于岗位职责重建专业负责人的激励评价体系。

一是推进人事管理由身份管理向岗位管理转变。根据国家《事业单位岗位设置管理试行办法》，高职学校推进岗位设置改革，取得了一定的成效，但是总体来说身份管理模式仍未改变，基本上还是能进不能出、能上不能下。下一步，高职学校应继续深化岗位管理改革，推进人事管理由身份管理向岗位管理转变，"人员聘用以岗位需要为前提，合同管理以岗位职责为依据，绩效考核及工资待遇以完成岗位职责任务为标准"①。可以尝试新的岗位设置模式，根据高职教师能力发展规律和办学职能设置初任教师、骨干教师和专业负责人三种不同层级的专业技术岗位，在类别上分设教学型、科研型、教学科研型和社会服务型，根据每个专业的特色和定位考量确定岗位层次和类别的比重。

二是在现有的职称评审体系中重点考察专业教师的专业建设贡献度。如果高职学校继续实施现行的专业技术岗位设置办法，则应该本着充分体现办学特色的原则调整和改革职称评审指标体系，将专业教师在专业建设中的贡献度以及完成岗位职责任务所需的能力作为职称评审的主要依据，重点评价专业负责人及专业教学团队在校企合作、实践教学、课程建设、学生成长、团队建设、质量文化培育等方面的贡献及能力，适当向专业负责人倾斜。高职学校唯有将专业建设贡献度及专业建设能力作为主要依据，并确保专业技术职务和职称评审相互衔接，才能够保证"人岗相适"，真正起到推动专业建设的作用。

三是建立专业负责人聘期考核制度。笔者在调研中了解到，目前不少高职学校已经对专业负责人实行聘期管理，一般三年或五年为一个聘期。比如某高职学校的《专业带头人选拔及管理办法》就明确，"专业带头人每三年选拔一次，如有新开专业，可在招生的当年增选""专业带头人考核分为年度考核及任期考核两类"。但总体来说，高职学校专业负责人的聘期考核制度还有待进一步完善，考核指标体系要设计合理，聘期考核中存在的"流于形式"的现象要改变。对于专业负责人的聘期考核，应根据其职责任务确定专业建设工作量，如人才培养方案研制、专业教学团队建设、课程与教材建设、质量诊断与改进等，都应该纳入其聘期考核的内容。考核结果重在应用，是专业负责人续聘、调整、晋升、奖惩的依据，切实发挥聘期考核的激励、约束和监督作用。

---

① 王咏.高职学校教师职称评审与岗位设置管理工作的衔接研究 [J]. 天津职业院校联合学报,2012(14):44–48.

四是在绩效工资改革中向专业负责人以及其他关键岗位倾斜。目前相当多省（市）的高职学校已经普遍推行绩效工资改革，逐步建立与岗位管理工作相配套的绩效工资体系。在学校绩效工资体系架构中，收入分配应该向专业负责人、优秀教师以及其他关键岗位倾斜，不断完善以岗定薪、权责一致、优劳优酬的薪酬正向激励机制。

三、推进专业负责人专业化角色转变

从理论上看，高职学校专业负责人应该具有双重身份，既是一个专业化的"学者"，又是一个专业化的"领导者"，因此专业负责人专业化角色转变包含双重含义，既指在自己所学专业上的发展，又指的是在自我专业身份意义建构和与外部制度环境互动中逐步提升专业建设领导能力。专业负责人实现专业化角色转变，要求高职学校专业负责人能够在履行专业建设统领职责的实践过程中，认可自身所承担的专业建设工作价值，形成自我发展的内生动力。专业负责人的专业化建设和发展过程其实就是专业负责人岗位胜任力提升的过程，其中包括质量文化领导理论自觉和实践能力的提升。

在调研中，笔者感到当前高职学校专业负责人专业化发展整体还处于较低水平。从专业负责人自身来说，对肩负专业建设统领职责的认同度和积极性并不高，对专业建设的理念、路径和质量评价缺乏足够的认知；从高职学校来说，对专业负责人之于学校内涵发展的重要价值并没有认识到位，选拔和使用都较为随意，总体上将其视为基层教学组织的管理者，并没有认识到履行专业建设职责对个体能力素质的专业性要求。因此高职学校亟须加强专业负责人成长的系统规划及相关制度建设，推动专业负责人向专业化角色转变。

在高职学校专业负责人专业化建设发展过程中，专业标准建立问题迫在眉睫。前面提到职称的重要性及其激励作用，但职称不等于专业化，文凭也不等于专业化。一般而言，专业化角色的"应然"追求需要通过对专业资质和能力、职责定位、职业意识和职业道德等方面的衡量和界定。当前我国还尚未针对高职学校教师建立专业标准，更谈不上建立专业负责人专业标准，原因是多方面的，如各家高职学校办学条件差别较大、各个专业差异性也较大。鉴于现实情况，本书建议，高职学校可以探索研制本校专业负责人的专业标准。专业负责人校级专业标准的建设，可以在遵照标准建设常规思路、方法和要求的前提下，凸显本校专业特色，使专业负责人培养的方向与内容边界符合本校专业建设及师资队伍力量的实际。同时，专业负责人校级专业标准的讨论和研制的过程，本身就是凝聚共识、深化认识的过程，有助于专业负责人对专业化发展和专业化角色的理解与认知。

第三节　优化高职专业负责人质量文化领导的能力强化策略

"能力"一词被广泛应用于日常生活和心理学、管理学、教育学等多学科研究领域，但是迄今尚没有对之形成统一的概念，对其内涵的界定也是有大有小。为大多数学者所支持的"能力"是指"使人能成功地完成某种活动所需要的个性心理特征或人格特质"[①]。按照这一观点，能力是指顺利完成某种任务或活动所需要具备的个性心理特征（性格、动机、知识、技能等）的有机组合，但并不是这些特征要素的简单机械相加。能力并非与生俱来，而是在人的遗传素质基础上，通过实践活动逐渐形成和发展起来的。

通过对高职专业负责人质量文化领导本质的剖析可知，专业负责人是依赖学术权力，凭借自身影响力实施质量文化领导的。专业负责人影响力的源泉是来自多方面的，有其品性和人格，有其学识和技能，也有其敬业和奉献精神等等，都可以归结为"能力"。能力是高职专业负责人在专业建设及质量文化培育中履行领导职责凭借的核心因素，尤其是在国家职业教育综合改革如火如荼的当下，新理念不断出现，新问题不断出现，要求专业负责人必须不断开阔

---

① 林崇德,杨治良,黄希庭.心理学大辞典（下）[M].上海：上海教育出版社,2003:53.

视野、增长学识、提升能力，运用新思维、新方法从新的视角去践行新理念、解决新问题。谚语说，"领导群雁飞翔的，不是领头雁的叫喊声，而是它的飞行"，具备"打铁还需自身硬"的能力和素养是改进与提升高职专业负责人质量文化领导的基础要件，高职学校加强专业负责人的能力建设既必要又紧迫。

一、提升专业负责人的道德修养和职业素养

实践是综合的，质量文化领导实践需要专业负责人"整个人"的全身心参与。高职学校专业负责人全身心参与质量文化领导实践，必须加强自我修养。自我修养是完善自我的重要途径。专业负责人加强自我修养，健全人格魅力，提高自身综合素质，是提升质量文化领导能力的内在需求，也是提高质量文化领导水平的有效方式。

一方面，专业负责人要提升道德修养。按照韦伯的观点，一个人要想成为领导者，必须具备三种特质：热情、责任感和判断力。[①]笔者认为，韦伯的观点同样适用于专业负责人。专业负责人是专业教学团队中的一员，但又不是普通教师，他还具有领导、管理、组织教师的职责，所以他首先需要做到的是提高自身道德修养。道德修养主要包括专业负责人的事业心、责任感以及工作态度和工作积极性等。专业负责人的道德修养既决定了其个人品格和道德水平的高低，又潜移默化地影响着团队成员的道德养成和品德塑造。总体来说，专业负责人的道德修养影响着专业教学团队建设质量和专业人才培养质量，对以人才培养质量观为核心的质量文化领导具有非凡的意义。专业负责人在统领专业建设中，必须以更高尚的道德境界要求自我，以更严格的道德标尺衡量自我，力争做到以德凝聚人、以德感动人、以德影响人、以德激励人。

另一方面，专业负责人要提升职业素养。职业素养是一个多层次的立体概念，包括职业道德、专业技能、合作精神等。[②]专业负责人的长处在于他是懂

---

① ［德］马克斯·韦伯.学术与政治[M].钱永祥，等译.桂林：广西师范大学出版社,2010:254.

② 许亚琼.职业素养：职业教育亟待关注的课程研究领域[J].职业技术教育,2009(19):48—51.

专业的内行，正是具有专业知识与学术修养，他才能对专业教学团队成员产生不可估量的影响。专业负责人应该通过不断的研究和实践，丰富自己的学术阅历，提升学术素养和专业能力，努力成为所在专业领域的专家。只有这样，专业负责人才具有领导专业教学实践的发言权，帮助和支持团队教师改进教学方法，提升专业教学能力。需要强调的是，专业负责人不能仅仅是优秀的专业教师，还应该是专业建设的规划者和设计者，需要对职业教育理论和专业建设内涵有透彻的理解，对职业教育人才培养规律和质量提高途径有准确的把握，要站在行业发展、学校发展的角度对专业发展进行定位与规划，不断加强专业建设业务修养，成为专业建设行家。

二、强化履行质量文化领导职责的实践历练

领导是一种社会实践活动，这就决定了高职学校专业负责人质量文化领导是指向实践、扎根实践并服务实践的。改进与提升高职专业负责人质量文化领导，仅仅学习专业建设理论知识及领导学知识还不够，还必须通过实践进行历练。现代管理学之父德鲁克（Peter F. Drucker）曾提出，"管理的本质是人性和实践性"，由此可见实践历练对专业负责人统领专业建设及质量管理的重要性。

首先，前面也提到，专业负责人要进行持续的实践—反思。实践智慧是默会的，它不像专业性知识那样靠形式化的专业训练和他人的直接讲授而获得，而是隐含在管理与领导过程中，更多的是依靠专业负责人亲身的实践，并在持续的实践中反思和深化对质量文化培育与生成规律的领悟，进而不断思考与改进质量文化领导行为，提高质量文化领导水平能效。

其次，还需要通过构建实践共同体作为支持专业负责人专业发展及质量文化领导实践能力发展的有效途径。实践共同体是多个个体依靠共同的关注点组合起来的集合，在长时间的共享、共同确定的实践和信念中发展一个共同的事业。[1]反观当前我国高职学校专业负责人的专业建设实际状况，尚没有形成目

---

① 王文静.人类学视野中的情境学习 [J]. 外国中小学教育,2004(4):20-23.

标和价值信念分享、专业建设技艺互相切磋提高的实践共同体。每个专业负责人都在自我反思自身独有的专业建设经验和经历，并不断学习和吸收新的知识，但是专业负责人的学习和成长往往陷入孤立和被动的境遇。因此，论及专业负责人质量文化领导能力提升，亟待构建专业负责人实践共同体，帮助专业负责人个体能够有机会和平台交流理论学习、专业建设实践以及质量文化培育过程中的所思所困，分享资源、技巧与成果。

最后，高职学校还需要为专业负责人提供质量文化领导实践的专项课题。实践性课题既能对专业负责人实施质量文化领导形成推动力，又能促使专业负责人的理论学习和实践探索更加具有针对性与实效性，还能促进专业负责人在质量文化领导方面形成理论和实践的成果积累。通过问题导向促进专业负责人学习和研究质量文化领导实践，既有利于促进专业负责人水平提升，又有利于专业教学团队凝聚力量。研究性质的高职学校专业负责人质量文化领导实践，或许短期内并不一定会显现效果，但它终究会成为专业负责人能力提高和专业质量文化培育与生成的动力因素，从而产生长期而深远的影响。

三、加强专业负责人质量文化领导能力培训

提升高职学校专业负责人专业建设及质量文化领导能力离不开有针对性的培训。目前，高职专业负责人的培训培养体系很不健全，培养形式比较单一，讲座式培训居多，而且覆盖面不广，缺乏系统性和专业性，有关质量文化领导主题的培训更是缺乏。为了解决上述问题，应该加大高职学校专业负责人培养力度，完善专门培训体系。

一是应在整个高职学校师资培养体系中加强专业负责人培训。2019年国家先后出台了《国家职业教育改革实施方案》和《深化新时代职业教育"双师型"教师队伍建设改革实施方案》，明确提出要大力提升职业院校"双师型"师资队伍建设水平。当前，从教育主管部门到高职学校，都越来越重视"双师型"师资队伍培养，根据教师生涯发展的阶段性特征建立体系化、阶梯化的培养路

径。本书认为，在重视高职学校师资培养体系建设的大环境下，应该更加重视专业负责人的专门培训。不仅应该在国家和省市层面建立若干专业负责人培养基地，高职学校也应该研制自己学校专业负责人的培训培养计划，委托国家和省市层面的专业负责人培养基地"定制"培训项目。培训方式应该多元化，除了讲座式培训，还可以采取"以老带新""一帮一""互帮互助""专业负责人工作室"等形式，逐步实现专业负责人培训和培养的全覆盖。

二是应提高专业负责人培训的针对性。专业负责人培训需要有精心的设计与载体的培育，应该有针对性地加强对专业负责人专业建设及质量文化领导能力的培训和提高，帮助专业负责人不断增加对职教改革发展趋向的理解以及领导专业建设应掌握的知识与技能。有针对性的培训不仅能够提升培训的实效性，也能够确定专业负责人职业生涯发展路径，能够在较短时间内实现培训目的。

第四节　优化高职专业负责人质量文化领导的环境支持策略

为了改进与提升专业负责人质量文化领导，高职学校除了需要搭建平台、重构制度，帮助专业负责人理念提升、角色嬗变、能力强化，还需要提供更为全面的环境支持，在专业建设机制中更加突出质量文化培育实践，更加突出质量观共享的专业教学团队建设。专业质量文化培育离不开学校质量文化整体建设，甚至可以说学校质量文化优劣很大程度上决定了专业质量文化优劣。高职专业负责人质量文化领导改进与提升离不开院校质量文化培育实践大环境，而专业负责人质量文化领导改进与提升是院校质量文化生成中不可或缺的前提条件，两者密不可分、相辅相成。

一、系统规划与持续实施校本质量文化建设

目前高职学校大多并不重视质量文化建设，或者从另外一个角度看，由于受传统教育观念和教育管理体制机制的影响，高职学校不同程度地出现了办学同质化现象，质量文化特色缺失。因此，高职学校应该更加重视质量文化建设，加大质量文化建设的投入力度，而且应系统规划校本质量文化建设，通过系统规划与实施保障学校质量文化培育的方向正确与特色凸显。

高职学校要完善质量组织职能，不断加强质量管理部门建设，并通过研讨和编制校本质量文化规划，增强质量文化培育的全面性、系统性、长远性、可操作性，凸显校本质量文化特色。系统规划与实施校本质量文化建设，首先要分析现状，认识基础。要基于高职学校质量文化内涵理解、建设特点及现实状况，深入查找和剖析学校质量文化建设中的问题及成因，明确质量文化建设的目标、举措与特色。质量文化建设目标的确定尤为重要，目标必须适当，过高或过低的目标都不利于质量文化建设的顺利推进。其次要强化意识，形成愿景。应举全校之力，广泛开展各项活动，在树立正确价值导向的基础上强化全校师生的质量意识。强化质量意识并非笼统的动员与宣传，要分清主次，抓住主要矛盾，重点培养广大师生树立质量兴校意识、忧患危机意识、责任担当意识、科学创新意识和大局长远意识，提升师生参与质量文化建设的积极性，并通过沟通与分享，塑造师生共同的质量愿景。再次是精心策划，循序渐进。文化塑造是既复杂又微妙的心理过程，质量文化建设势必是长期且持续的过程。高职学校要把握师生的价值观念、个性特征和文化素养，精心策划、稳步推进校本质量文化建设，不可急于求成。最后是建章立制，力求实效。明确学校质量文化建设的责任主体、职责权限、奖惩评价，完善质量文化建设的规章制度体系，保证质量文化建设中师生拥有可以遵循的行为规范。同时，要保证相关规章制度的可执行性，各司其职、各负其责、有规必依、违规必究，确保质量文化建设举措落到实处。

由于高职学校的发展历史、办学特色和运行现状各不相同，并没有一个放

之四海而皆准的质量文化建设方案。在质量文化建设中，高职学校切忌生搬硬套、盲目从众，需要结合办学定位、行业属性、区域特点及专业优势，在质量文化建设的顶层设计、目标确立和路径规划等方面开辟特色发展方向，走特色发展之路。

在校本质量文化建设方面，近些年已经有一些高职学校在探索与实践，并初具特色。比如，某职业技术学院是某省一所以海陆交通类专业为主的高职学校，学校以持续提升"育人质量"为目标，在内部质量保证体系构建中，从物质、行为、制度、精神四个层面，以"人人追求质量、人人创造质量、人人享受质量"理念为先导，以"全面渗透、人人参与、协同共生、全员内化"为实施举措，全面塑造学校质量文化体系，推进质量文化的可持续建设，提高人才培养质量的全面自我保证能力，形成了质量文化建设的典型经验，如图6-1所示。

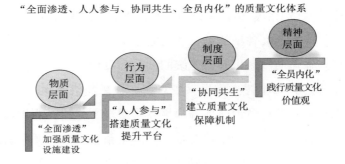

图 6-1　某职业技术学院质量文化体系

资料来源：周士敏.高职学校质量文化建设的思考——以河北交通职业技术学院为例[J].石家庄职业技术学院学报,2020(3):23-27.

再如，某职业技术学院在近50年的发展历程中，大力发展铁路交通类专业，积淀和形成了较为深厚的铁路文化底蕴。学校基于自身的质量精神积淀和质量文化底蕴，明确"人人为质量负责、事事为质量奠基"的质量方针，探索"精神引领、氛围营造、多元协作、资源供给、行为驱动、制度保障"的建设路径，将

"质量为本、品质为先、匠心永存、创新无限"的质量文化内核全方位、深层次地渗透进人才培养各个环节，逐步构建具有学校特色的现代质量文化体系。①

另外，理论研究和实践探索相辅相成、密不可分，理论引领不足是当前高职学校及专业质量文化建设出现问题的重要原因，因此在加强院校及专业质量文化培育实践中，必须切实加强理论研究，既要深入开展校史和办学传统研究，充分发挥重大事件、先进典型、优势特色的感染作用，使质量文化建设更加鲜活，又要在质量标准确立、质量文化演变、质量控制体系构建等方面取得突破，为质量文化建设提供理论范本，推动质量文化建设实践有效开展。质量文化理论研究要与专业建设、人才培养、教学研究、课程改革以及教师发展联系在一起，引导师生积极追求卓越，成为教育质量持续改进的核心内驱力。

二、将质量文化要素全面嵌入专业建设评价

高职学校基于专业建设推进内涵式发展，已经在政府、社会和职业教育领域达成共识。为了提高专业建设成效，国家、省市层面以及高职学校在不同时期都建立了评价体系，开展国家级、省市级和校级重点、骨干、优势、特色、示范等专业建设项目评选。各级各类专业建设项目的遴选与推进，有力地增强了高职专业内涵，提高了高职人才培养质量。但是，目前专业建设成效评价指标主要集中在师资队伍、实训基地、教学环境、专业教学资源库、专业教学标准等方面，对质量文化等"软性"指标缺乏关注与考察。比如，Z省开展高职学校"十三五"优势、特色专业建设，提出5个方面建设任务：改善专业基础条件、加强专业师资队伍、深化专业教学改革、创新专业办学模式、强化专业社会服务。②这5个方面构成了专业建设任务的一级指标，从这5个一级指标来看，没有单设专业质量文化维度，进一步分析每个一级指标的内涵，也没有将

---

① 张玉鹏，姜东亮. 新时代高职学校质量文化建设路径探析 [J]. 北京经济管理职业学院学报，2020(12):65-71,78.
② 浙江省教育厅. 关于开展高校"十三五"优势特色专业建设的通知（浙教高教〔2016〕106 号）[A].

质量文化要素渗透其中。质量文化要素，尤其是"精神层"要素，作为专业建设的"软实力"，没有在优势、特色专业建设任务及成效评价中得到体现。

评价是指挥棒。不同的评价标准会带来迥异的评价结果，会产生不同的评价导向。为了增强高职学校重视专业质量文化培育的意识，营造浓厚氛围，一定要把凸显高职教育类型特征的质量文化要素全面嵌入专业建设评价，对专业质量文化理念、质量文化制度、质量文化行为、质量文化特色等进行评价和分析，以评价为驱动力推动质量文化培育与生成。关于质量文化要素设置问题，一定要在对高职学校专业质量文化理想样态的研究分析的前提下进行，既可以选择某些维度组成一级指标"质量文化"，又可以将其中某些维度融入各个一级指标中，但是质量文化必须成为高职学校专业建设生态自组织系统中的一分子和成效评价要内化的一部分。

三、推动质量观念共享的专业教学团队建设

团队是由个体所组成的群体，但这些个体之间一定是共同理想、技能互补、互帮互助的。[1]高职学校师资队伍是由一个个专业教学团队组成的，专业教学团队除了承担课程教学，还要承担课程建设、科学研究、技术服务、社会培训等方面的任务。建设"素质优良、结构合理、专业配套、专兼结合"的专业教学团队，是维系和推动高职学校专业教学改革的基础力量，是提高人才培养质量的重要资源保障。[2]2006年，教育部强调高职学校要加强专兼结合的专业教学团队建设，之后高职学校逐步重视专业教学团队建设。[3]2019年的《国家职业教育改革实施方案》及《深化新时代职业教育"双师型"教师队伍建设改革实施方案》等重要文件更加强调专业教学团队建设。

笔者曾查询了2019年来自Z省的15所入选"中国特色高水平高职学校和

---

① 胡恩保，沈燕.现代职业教育体系下的高职学校教学团队建设 [J]. 教育与职业,2015,7(上):54-56.
② 周劲松.依托工学结合项目,推进高职学校专业教学团队建设 [J]. 中国大学教学,2010(3):80-81,96.
③ 教育部.关于全面提高高等职业教育教学质量的若干意见 (教高〔2006〕16号)[EB/OL].(2006-11-20)[2021-02-21]. http://old.moe.gov.cn//publicfiles/business/htmlfiles/moe/moe_745/200612/19288.html.

专业建设计划"（即"双高计划"）高职学校的建设方案，这些学校的建设方案中都明确了要推进专业教学团队建设。比如，某职业技术学院建设方案中提出要"高水平培育一批国家级教师教学创新团队"：聚焦学校重点建设的专业群，结合"三教"改革，对接模块化课程群，探索多样化教师组织形态，组建结构化的教学创新团队，实施信息技术支持下的教学模式创新；探索团队带头人负责制下的结构化团队合作机制与组织模式，分层次培育建设一批高水平的教师教学创新团队。

总体来说，高职学校要以专业建设为核心，创新体制机制，根据专业发展目标和师资建设实际情况，重组并打造各个专业教学团队，最大限度地推动团队合力凝聚、高质量高效率地开展各项工作。在原先课程组、备课组、教研室等的基础上，以专业为单位重构并优化教学科研组织，整合团队力量，优化团队结构，增强成员的组织认同感。在专业教学团队建设中，学校要主动作为，加强制度供给，制定诸如专业教学团队建设与管理办法、专业教学团队评价标准与考核办法之类的规章制度，明确团队组成依据和原则、工作职能、建设任务、经费来源以及团队负责人的管理权限和工作职责等，对团队推行目标责任制考核，并通过一定的激励措施，调动整个专业教学团队投入专业建设的积极性和主动性。

需要强调的是，从发挥专业负责人质量文化领导作用，推动质量文化生成和专业内涵建设的视角看，高职学校在专业教学团队建设过程中，尤其是需要着力推动质量观认同与共享。教师属于知识型专业技术人员，都有着擅长的专业领域和较强的自我管理意识。对于像教师这样的知识员工进行管理，不能采用凭借职位权力实施强制性管理的模式，这样会导致他们口服而心不服，反而不能调动他们的积极性和主动性，不能激发他们发挥奉献精神。因此，无论是院校层面，还是专业负责人自身，在团队管理或领导中都必须改变对领导力的传统认识，运用价值领导方式，推进人才培养质量观认同与共享，激发知识型员工参与管理的愿望。只有实现了人才培养质量观的认同和共享，每位成员才能把质量观转化为自己在人才培养过程中内在的坚定信念，并形成一定的行为模式。有学者在剖析组织文化变革失败的缘由时认为，如果没有领导者在"前线"掌控与正式推行真正的信念和价值观变革（通常是最需要的），组织文化变革就只是表面文章，或者"仅对技术流程作一些胡乱的调整"，结果导致组织成员认为组织文化变革实际上大同小异，甚至期盼"恢复原状"。[①]由此证明实施基于价值观管理的大学组织文化变革的重要性，同时也可以推演出专业教学团队建设中推动质量观念共享的重要性。

---

① ［加］西蒙·L.多伦.价值观管理——21 世纪企业生存之道 [M].李超平，译.北京：中国人民大学出版社,2009:117.

第七章
CHAPTER 7

研究结论与反思

前 6 章已经对高职专业负责人质量文化领导的动因、本质与特征、行为框架、现状、影响因素和优化策略进行了较为全面、系统和深入的探讨和论述。本章拟在前述研究的基础上，对研究得来的主要结论作概括性归纳，对研究可能存在的创新以及研究本身存在的局限作进一步说明，并展望未来可能继续深化与拓展的研究方向。

第一节　研究的主要结论

潘懋元先生曾在《高等教育质量建设的理论设计》一文中提出并论证，"高等教育质量已成为一个世界性问题。中国的这一问题更为突出，高等教育质量建设的任务更为紧迫"[①]。本书完全赞同这一观点。作为高职学校教务部门的负责人，无论是在工作实践中，还是在业务理论钻研中，笔者都十分关注高职教育的"质量"问题。"质量"是一个大的范畴，而课题研究需要聚焦主题。笔者在研究与实践中，深刻认识到经济发展及产业升级的时代背景倒逼高职学校提高人才培养质量，而在质量提升战略中，高职学校必须向基层赋权，改进质量管理、加强专业内涵建设，专业负责人的重要性更加凸显。那么，高职专业负

[①] 潘懋元, 陈春梅. 高等教育质量建设的理论设计 [J]. 高等教育研究, 2016(3):1-5.

责人该如何在改进质量管理、加强专业内涵建设中有所作为呢？本书的回答是"运用文化领导，推动专业质量文化生成"，研究主题"高职专业负责人质量文化领导"由此应运而生。

选择高职学校专业负责人质量文化领导作为研究课题，主要是基于对质量文化、文化领导两个研究领域的关注与认同，因此本书伊始，从较为宏大的层面进行了文献综述，一是关于质量文化及高校质量文化的研究，二是关于文化领导及学校文化领导的研究，为全面梳理和吸收国内外相关成果，深入专题研究奠定了基础。质量文化领导绝不是实践或技术问题，有着丰富的内涵和坚实的理论基础，背后离不开理论支撑。因此，笔者尝试从哲学、组织学、社会心理学等视角构建了高职专业负责人质量文化领导的理论基础，选择了教育现代性理论、组织文化理论、角色理论作为高职专业负责人质量文化领导行为背后的理论依据，以进一步增强研究的理论系统性及实践指导性。

围绕研究主题，按照研究问题的内在逻辑，层层递进，环环相扣，不断深化对问题的认识。根据研究问题的特点及深入研究的需要，采取理论研究与实证研究相结合、定性研究与定量研究相结合的研究方法策略。在研究过程中，设计不同的访谈主题，开展了两轮访谈，并运用扎根理论方法进行访谈数据处理。第一轮面向15位职教研究专家、高职学校校长及副校长、教务处长、二级院系负责人，第二轮面向高职学校30位专业负责人及19位普通教师和行政管理人员。面向529名高职专业负责人开展问卷调查，并运用SPSS软件进行数据处理。本书聚焦5个子问题开展研究，并形成了研究结论。

结论一：高职专业负责人走向质量文化领导具有内在必然性。高职学校专业负责人为什么必须实施质量文化领导？这个问题其实是对本书重要性和必要性的深入探究。研究中通过对历史与现状的梳理发现，高职专业建设及质量管理的成就可圈可点，但也暴露出外适性人才培养质量观占据主导、专业建设评价与质量监控手段倚重技术、基层的专业建设及质量责任主体性没有体现等问题。追溯问题之根源，必须反思与批判高职教育发展中的工具理性，消解功利主义取向、管理主义印迹和技术主义思维，加快培育高职专业质量文化。研究采用质性分析，从更为抽象的一般意义层面归纳出高职专业负责人所要履行的角色任务，论证并确立了在高职教育进入内涵建设阶段，专业质量文化培育成为必然的当下，专业负责人作为专业组织的文化领袖，亟须发挥重要的带领作用，拥有质量文化领导的内在必然和角色期待。

结论二：高职专业负责人质量文化领导可以从 6 个方面展开实施。探寻高职专业负责人质量文化领导的本真，是整个研究的关键。研究中运用文化领导相关理论成果，界定高职学校专业负责人质量文化领导的本质、特征等内涵，剖析专业负责人质量文化领导"应然"的行为框架，形成对高职专业负责人质量文化领导本真的理论建构。通过专家访谈及其对访谈文本的扎根理论分析，本书开发了高职专业负责人质量文化领导行为框架，提出高职专业负责人质量文化领导体现在质量愿景塑造、团队合力凝聚、教学资源整合、课程教学组织、质量绩效改进、专业发展引领 6 个领域。每个领域之内细分 3—5 个维度，其中"质量愿景塑造"具体分解为定位人才培养目标、促进质量观共享、增强团队质量意识、研制专业教学标准，塑造学生职业精神 5 个维度，"团队合力凝聚"具体分解为体现人文关怀、优化团队结构、组织项目合作、协调团队分工 4 个维度，"教学资源整合"具体分解为挂动校企合作、争取校内资源、统筹资源配置 3 个维度，"课程教学组织"具体分解为师德师风建设、教学管理、开发与优化课程体系、塑造良好学风 4 个维度，"质量绩效改进"具体分解为诊断问题、运行监控、主动改善 3 个维度，"专业发展引领"具体分解为教学改革先行、专业发展先行、彰显行业地位 3 个维度。

结论三：高职专业负责人质量文化领导"实然"与"应然"之间存在不小的差距。以高职专业负责人质量文化领导行为框架的 6 个领域及 22 个维度为基础，本书开发了高职专业负责人质量文化领导现状评估问卷及半结构访谈提纲，通过问卷调查和访谈（含补充访谈）相结合的混合式研究，形成了高职学校专业负责人质量文化领导现状 5 个评估结论：不同人口统计学特征专业负责人质量文化领导履责呈现差异；专业负责人在质量保障中发挥了积极作用但质量观引领不足，专业负责人认同质量文化领导的实践意义但履责自觉性不强，专业负责人愿意采纳质量文化领导方式但履责能力尚待提高，高职学校对专业负责人质量文化领导的期待很高但支持不够。通过现状调研，发现了专业负责人质量文化领导实施中存在的问题，得出高职专业负责人质量文化领导"实然"与"应然"之间存在差距的总体结论。

结论四：高职专业负责人质量文化领导受"两层面八因素"影响。在对高职专业负责人访谈和问卷中，除了涉及"现状"主题，同时涉及"影响因素"主题。先是对专业负责人质量文化领导影响因素初步识别和建构，紧接着又开展实证研究对影响因素及作用机理进行验证。基于对高职专业负责人质量文化领导本质内涵的认知，通过对访谈资料文本的梳理，建构了专业负责人质量文化领导影响因素的理论模型，并对影响因素的作用机制进行了理论分析，提出了相应的理论假设。在开发相关调研工具的基础上，通过采取多元线性回归分析方法验证理论假设，结果表明高职专业负责人质量文化领导的影响因素包括个体层面因素（专业负责人的身份认同、成就动机、对质量文化内涵的认知、个性特征与能力）和学校组织层面因素（组织文化氛围、专业建设机制、专业负责人发展的激励机制、专业负责人能力提升平台），而且学校组织层面因素以个体层面因素为中介实施对专业负责人质量文化领导的影响。

结论五：高职专业负责人质量文化领导亟须从4个维度寻找优化路径。以问题为导向，探讨优化与提升策略是本书的最终目的。本书从理念提升、角色嬗变、能力强化、环境支持4个维度提出高职专业负责人质量文化领导优化策略。理念提升策略重在促进高职专业负责人质量文化领导意识的觉醒，包括承认并唤起统领专业质量文化培育的自我责任担当意识、增强基于人才培养质量观认同的专业质量文化培育自觉、深化对高职专业质量文化培育与生成规律的理解与探索；角色嬗变策略重在促进高职专业负责人质量文化领导动力的复苏，包括降低管理重心并向专业赋权增能、重构专业负责人的激励评价机制、推进专业负责人专业化角色转变；能力强化策略重在促进高职专业负责人质量文化领导能力的提升，包括提升专业负责人道德修养和职业素养、强化履行质量文化领导职责的实践历练、加强专业负责人质量文化领导能力培训；环境支持策略重在促进高职专业负责人质量文化领导成效的保障，包括系统规划与持续实施校本质量文化建设、将质量文化要素全面嵌入专业建设评价、推动质量观念共享的专业教学团队建设。

第二节　研究可能存在的创新

前期的文献综述已经发现，目前国内尚无专题针对高职专业负责人质量文化领导的相关研究成果。更宽泛一点说，对高职专业负责人、质量文化、文化领导等主题的研究，虽然有一些成果，但并不多，而且不深入。这一状况使得深入开展本书具有较大程度的挑战性，同时也为理论创新提供了机遇。

一、理论层面的创新

本书对高职学校专业负责人为什么必须实施质量文化领导、应该如何实施质量文化领导、实施质量文化领导会受到哪些因素影响等规律性认知问题进行了深入探讨，形成了明确结论，为高职专业负责人质量文化领导现状、提升策略等研究奠定了良好基础。高职专业负责人质量文化领导行为框架和影响因素研究，是对高职专业负责人质量文化领导理想样态以及生成机理的系统科学的研究，具有较强的理论创新价值。

二、实践层面的创新

通过问卷和访谈相结合的混合式研究，本书对高职学校专业负责人质量文化领导现状进行了全面评价和验证，发现并剖析存在的问题，并进一步提出了优化与改进高职专业负责人质量文化领导的理念提升、角色嬗变、能力强化、环境支持等 4 个策略，必将有利于指导高职专业负责人不断创新质量文化领导实践。

第三节　研究局限与研究展望

虽然本书在开展过程中得出了一系列研究结论，并基于相关研究结论提出了优化与改进高职学校专业负责人质量文化领导的策略建议，但是仔细反思，由于研究对象的抽象性、复杂性和研究者视野及精力受限，本书还存在较大的局限，尤其是对一些十分重要的问题未能展开深入的研究，比如高职专业人才培养质量观问题、专业负责人的身份建构机理问题、高职学校科层制问题等，这不得不说有许多遗憾，有待于进一步深入探讨分析。

还有一点，就是访谈和问卷对象有待进一步扩大。虽然在研究过程中，调研样本已经涉及 11 个省（市），但受客观条件限制，并没有在全国各个地区通过大规模的分层抽样采集样本量，更没能够在不同区域、不等类别院校之间进行更深入的对比，不能不说是一种遗憾。

基于对创新之处和研究局限的自我剖析与阐述，对于高职专业负责人质量文化领导这一课题，本书所做的仅仅是一个开端，尚有很多问题值得深入探究。展望未来，笔者将谋求以更开阔的视野，至少从两方面深化和拓展研究。

第一，进一步展开高职专业负责人质量文化领导行为框架的应用研究。尽管本书开发出了高职专业负责人质量文化领导行为框架模型，清晰地阐明了高职专业负责人质量文化领导行为领域，但行为框架模型构建的初衷并不仅仅是对行为领域的阐述及对现状的调研，更重要的应该是借助该模型改进实践应用，真正全面发挥模型的价值功效，比如应用于专业负责人履职评价和聘用，以及对高职专业负责人培训课程开发等。

第二，进一步深入高职专业质量文化研究这一主题。研究高职专业负责人质量文化领导，离不开研究高职专业质量文化这个基础。换一个角度而言，选择高职专业负责人质量文化领导研究，其中一个实际目的就是选取某一视角来探讨高职专业质量文化培育与生成，因此应该更多聚焦高职专业质量文化，对其内涵、本质、特征、理想模型深入研究阐述，目前这方面做得很不够。

参考文献

中文文献

专著/译著

[1]　阿川，等.卓越领导力：理论、应用与技能开发[M].4 版.郑晓明，等译.北京：清华大学出版社，2010.

[2]　埃德加·沙因.组织文化与领导力[M].4 版.马红宇，王斌，译.北京：中国人民大学出版社，2017.

[3]　邴正.当代人与文化[M].长春：吉林教育出版社，1998.

[4]　伯恩斯.领袖[M].常健，孙海云，译.北京：中国人民出版社，2006.

[5]　陈向明.质的研究方法与社会科学研究[M].北京：教育科学出版社，2000.

[6]　陈永明，等.教育领导学[M].北京：北京大学出版社，2010.

[7]　陈正江.中国特色高等职业教育发展与政策研究[M].杭州：浙江工商大学出版社，2021.

[8]　德鲁克基金会.未来的领导者[M].方海萍，等译.北京：中国人民大学出版社，2006.

[9]　冯大鸣.美、英、澳教育管理前沿图景[M].北京：教育科学出版社，2004.

[10]　郭齐勇.文化学概论[M].武汉：武汉大学出版社，2014.

[11]　黄宏伟.职业教育专业建设新论[M].杭州：浙江大学出版社，2014.

[12]　姜大源.职业教育要义[M].北京：北京师范大学出版社，2017.

[13] 金盛华.社会心理学[M].2 版.北京：高等教育出版社，2005.

[14] 克里斯托弗·霍金森.领导哲学[M].刘林平，万向东，张龙跃，译.昆明：云南人民出版社，1987.

[15] 乐国安.社会心理学[M].3 版.北京：中国人民大学出版社，2017.

[16] 雷晓云.中国高等教育制度变迁及其文化透视[M].武汉：华中科技大学出版社，2007.

[17] 李成彦.组织文化——基于组织效能的视角[M].北京：北京大学出版社，2013.

[18] 李茂荣.走向领导者——基于实践学习的扎根理论研究[M].北京：中国人民大学出版社，2014.

[19] 李正权，孙磊.企业质量文化建设[M].北京：中国标准出版社，2019.

[20] 林崇德，杨治良，黄希庭.心理学大辞典（下）[M].上海：上海教育出版社，2003.

[21] 林明地.学校领导：理念与校长专业生涯[M].北京：九州出版社，2006.

[22] 刘俊心，张其满.职业教育文化学——职业院校的创造活力[M].北京：高等教育出版社，2015.

[23] 刘银花，姜法奎.领导科学[M].大连：东北财经大学出版社，2002.

[24] 罗宾斯，贾奇.组织行为学[M].12 版.李原，孙敏健，译.北京：中国人民大学出版社，2008.

[25] 罗伯特·欧文斯.教育组织行为学[M].7 版.窦卫霖，等译.上海：华东师范大学出版社，2001.

[26] 马克斯·韦伯.学术与政治[M].钱永祥，等译.桂林：广西师范大学出版社，2010.

[27] 梅雷迪斯·D.高尔，沃尔特·R.博格，乔伊斯·P.高尔.教育研究方法导论[M].6 版.许庆豫，等译.南京：江苏教育出版社，2002.

[28] R.R.布莱克，J.S.穆顿.新管理方格[M].孔令济，徐吉贵，译.北京：中国社会科学出版社，1988.

[29] 石伟平.职业教育原理[M].上海：上海教育出版社，2007.

[30] 石伟平，匡瑛，等.中国教育改革40年职业教育[M].北京：科学出版社，2020.

[31] 石中英.教育哲学导论[M].北京：北京师范大学出版社，2004.

[32] 舒底清.高等职业教育专业内涵建设[M].北京：高等教育出版社，2013.

[33] 托马斯·J.萨乔万尼.道德领导：抵及学校改善的核心[M].冯大鸣，译.上海：上海教育出版社，2004.

[34] 托马斯·J.萨乔万尼.校长学：一种反思性实践观[M].张虹，译.上海：上海教育出版社，2004.

[35] 王顶明.规范、行动与质量：博士生培养过程管理研究[M].广州：广东高等教育出版社，2017.

[36] 王琦，陈正江，等.高职教育教学文化研究[M].杭州：浙江工商大学出版社，2016.

[37] 王琦，邢运凯，等.高职教育文化的建构[M].杭州：浙江工商大学出版社，2012.

[38] 王世元.教育文化构建的人性基础[M].北京：北京师范大学出版社，2012.

[39] 温恒福.教育领导学[M].北京：中国人民大学出版社，2011.

[40] 韦恩·K.霍伊，塞西尔·G.米斯克尔.教育管理学：理论·研究·实践[M].7版.范国睿，主译.北京：教育科学出版社，2007.

[41] 威廉·G.坎宁安，保拉·A.科尔代罗.教育管理：基于问题的方法[M].赵中建，主译.南京：江苏教育出版社，2003.

[42] 吴志宏，等.新编教育管理学[M].上海：华东师范大学出版社，2000.

[43] 吴志宏.教育行政学[M].北京：人民教育出版社，2000.

[44] 向翔.哲学文化学[M].昆明：云南人民出版社，云南大学出版社，2015.

[45] 西蒙·L.多伦.价值观管理：21世纪企业生存之道[M].李超平，译.北京：中国人民大学出版社，2009.

[46] 约翰·W.克雷斯威尔.研究设计与写作指导：定性、定量与混合研究的路径

[M].崔延强，主译.重庆：重庆大学出版社，2007.

[47] 约瑟夫·M.朱兰，A.布兰顿·戈弗雷，等.朱兰质量手册[M].5 版.焦权斌，
等译.北京：中国人民大学出版社，2003.

[48] 张新平.教育组织范式论[M].南京：江苏教育出版社，2001.

[49] 郑金洲.中国教育学 60 年（1949—2009）[M].上海：华东师范大学出版社，
2009.

[50] 周建松，郑亚莉.中国特色高水平高职学校建设的金院思考[M].杭州：浙江
工商大学出版社，2020.

期刊论文

[1] 安心.构建内生型和外发内生型高等教育质量文化[J].中国高等教育，2012
（12）：42–43.

[2] 白光林.国内组织文化与组织绩效关系研究述评[J].软科学，2014（7）：
94–98.

[3] 曹耀萍.英语专业教师文化领导力因素的价值关联研究[J].广西民族大学学
报（哲学社会科学版），2018（1）：181–186.

[4] 陈丽，孟凡丽.论质量文化的控制性及其消解[J].江苏高教，2017（7）：
9–13.

[5] 陈寿根，刘涛.高职院校内部治理结构的制度设计[J].教育发展研究，2012
（17）：59–63.

[6] 陈寿根.从技术到文化：高职院校质量管理的转向[J].黑龙江高教研究，
2010（7）：75–77.

[7] 陈向明.扎根理论的思路和方法[J].教育研究与实验，1999（4）：58–63，
73.

[8] 陈冶风.大学质量文化建设研究：教师主体的视角[J].阅江学刊，2017（6）：
107–110.

[9] 陈正江."双高计划"下高职教育高质量发展的战略导向与推进策略[J].职

业技术教育，2020（16）：12–17.

[10]　陈正江.以创新发展高地建设为抓手推进高职教育高质量发展[J].中国职业技术教育，2021（4）：55–59.

[11]　陈忠根.高等职业教育质量观及其价值取向研究[J].职业技术教育，2008（10）：19–22.

[12]　程宜康.文化管理视域下的高职院校质量文化思考——兼议质量的文化管理途径与策略[J].职教论坛，2017（33）：5–12.

[13]　程贞玫.大学质量文化系统范式构建的新维度——以学生学习为中心[J].福州大学学报（哲学社会科学版），2013（6）：95–100.

[14]　程志敏.理性的本源[J].人文杂志，2001（4）：25–31.

[15]　从春侠.萨乔万尼道德领导理论述评[J].国家教育行政学院学报，2009（4）：90–95.

[16]　崔文霞，黄志成.全球化视域下跨文化领导力发展阶段与模式探究[J].比较教育研究，2014（6）：1–6.

[17]　邓黎颜.地方高校质量文化建设学理分析[J].西昌学院学报（社会科学版），2020（12）：103–106.

[18]　丁文平.学校文化的流行与缺失——兼谈中小学校长的文化领导力[J].当代教育论坛，2014（1）：39.

[19]　杜云英.高等教育质量管理新进展：质量文化研究[J].河北师范大学学报（教育科学版），2012（3）：17–20.

[20]　樊耘.企业家对组织文化和组织变革影响的实证研究——基于组织文化四层次模型[J].管理评论，2009（8）：104–112.

[21]　范国睿，王铮.略论校长的文化使命[J].上海教育科研，2006（7）：6–8.

[22]　费振新.大学质量文化特性探析[J].现代教育管理，2011（10）：5–8.

[23]　冯大鸣.学校文化领导的核心机理及实现条件[J].教育理论与实践，2008（1）：28–30.

[24]　冯惠敏，郭洪瑞，黄明东.挪威推进高等教育质量文化建设的举措及其启

示 [J].高等教育研究，2018（2）：102–109.

[25] 冯晓敏.校长文化领导与优质学校建设[J].现代教育管理，2016（1）：50.

[26] 傅根生，唐娥.高校质量文化研究：问题与思考[J].国家教育行政学院学报，2009（11）：15–18.

[27] 高飞.欧洲高校质量文化生成机制研究[J].现代教育管理，2005（10）：120–123.

[28] 高飞.欧洲高校质量文化的生成要素[J].高教发展与评估，2015（5）：8–14.

[29] 高海生，王森.论文化生态学视野下的高校质量文化建设[J].国家教育行政学院学报，2013（7）：15–18.

[30] 高月勤.基于分类培养的高职专业群课程体系构建研究——以广东交通职业技术学院实践探索为例[J].高等职业教育（天津职业大学学报），2020（6）：55–59，87.

[31] 耿加进.高校组织文化建设的意义及其策略[J].黑龙江高教研究，2016（6）：91–93.

[32] 宫珂.核心素养视角下校长文化领导角色的反思与重构[J].中小学教师培训，2018（4）：26–29.

[33] 顾建民.大学有效治理及其实现机制[J].教育发展研究，2016（19）：48–53.

[34] 顾书明.论高师院校质量文化体系的构建及"教育"品质的提升[J].江苏高教，2007（4）：30–32.

[35] 郭祖仪.试论高校组织文化的提升与组织形象的塑造[J].高等教育研究，2001（5）：41–45.

[36] 贺善侃.文化领导力：领导力的核心和灵魂[J].中国浦东干部学院学报，2009（7）：31–36.

[37] 胡恩保，沈燕.现代职业教育体系下的高职学校教学团队建设[J].教育与职业，2015（7上）：54–56.

[38] 黄娟.高职专业建设机制与内容的思考[J].岳阳职业技术学院学报，2017（5）：41–43.

[39] 纪晓鹏.组织文化演变驱动力的实证研究[J].南开管理评论，2011（4）：50–58.

[40] 姜雪.组织文化理论视域下的大学文化形成[J].教育科学，2007（4）：59–63.

[41] 蒋友梅.转型期中国大学组织内部质量文化的生成[J].江苏高教，2010（5）：54–57.

[42] 金亚文，刘志军.教育现代性研究的进展及其阐释空间的拓展[J].现代大学教育，2014（2）：6–11.

[43] 靳玉乐，王磊.理智取向教师专业发展的理念与策略[J].教师教育学报，2014（6）：23–31.

[44] 阚阅，马文婷.澳大利亚"三位一体"留学生高等教育质量保障体系探究[J].高等教育研究，2020（11）：99–106.

[45] 孔凡莉.构建高校质量文化管理体系[J].黑龙江高教研究，2008（7）：50–51.

[46] 李春玲.当代校长的文化领导力构成[J].教学月刊（综合），2011（12）：3–4.

[47] 李福辉.欧洲高校与质量文化：迎接质量保证的挑战[J].山东教育学院学报，2009（6）：39–42.

[48] 李海平.近十年来高职学校质量文化研究新进展[J].太原城市职业技术学院学报，2019（6）：1–3.

[49] 李森，张涛.教学领导的内涵、功能及策略化[J].西南民族大学学报（人文社科版），2006（3）：85–90.

[50] 李素芹，胡惠玲.大学文化：概念群及建设方略[J].扬州大学学报（高教研究版），2016（10）：3–7.

[51] 李朝辉.校长走向文化领导的困境与策略[J].校长培训，2011（7）：24–27.

[52] 李真真.学校文化领导——读布尔迪厄的启示[J].现代教育科学，2009（2）：56–57，103.

[53] 李政.我国职业教育治理结构转型内涵困境与突破[J].西南大学学报（社会科学版），2020（4）：78–85.

[54] 刘丹平.高校质量文化特征及建设策略[J].江苏高教，2010（6）：152.

[55] 刘海涛.我国高等教育质量研究的方法论思考[J].教育与考试，2017（11）：83–86.

[56] 刘建军，况皓.跨文化领导：对中国领导者的挑战[J].领导科学，2002（12）：24–25.

[57] 刘克勇.多元职业教育质量观及其质量保障体系的构建[J].中国职业技术教育，2016（28）：51–55.

[58] 刘理晖.组织文化度量——本土模型的构建与实证研究[J].南开管理评论，2007（10）：19–24.

[59] 刘任熊，陈海艳，尚维来.质量文化与省级统筹：构建高等职业教育质量监测体系的路径与策略——基于江苏省构建"两纵两横"质量监测体系案例分析[J].中国职业技术教育，2018（3）：53–58，93.

[60] 刘强.从质量管理到质量治理：高等教育质量发展的创新图景[J].当代教育科学，2019（7）：55–60.

[61] 刘晓，钱鉴楠.高职院校专业群人才培养的理论框架与行动策略——基于技能习得视角[J].高等工程教育研究，2021（1）：142–148.

[62] 刘晓，钱鉴楠.类型学视角下职业教育发展的历史演进、现实论域与未来指向[J].职业与教育，2021（1）：5–12.

[63] 刘晓.高职学校高水平专业群建设：组群逻辑与行动方略[J].中国高教研究，2020（6）：104–108.

[64] 刘宇.教师专业知识及其发展：图式观与组织文化条件[J].教育理论与实践，2007（9）：35–38.

[65] 刘子云，刘晖.论高等教育质量保障现代性表征、冲突及其反思[J].黑龙江高教研究，2019（10）：57–64.

[66] 柳燕妮.质量强国背景下高等职业教育质量文化建设[J].教育评论，2018

（9）：35–38.

[67] 罗儒国，王姗姗.高校质量文化建设的误区与出路[J].现代教育管理，2013（10）：30–36.

[68] 罗儒国，王姗姗.高校质量文化建设的战略目标与实现路径[J].江苏高教，2013（2）：24–27.

[69] 马健生.学校文化建设即校长文化领导的过程[J].教育科学研究，2014（5）：10–11.

[70] 马陆亭.推动"十四五"时期高等教育的高质量发展[J].中国高等教育，2020（23）：1.

[71] 南海.论我国的大学文化领导现状及改善策略[J].教育理论与实践，2014（30）：3–5.

[72] 倪建文.论中国企业质量文化的培育——基于美、日两国质量文化的研究[J].湖南师范大学社会科学学报，2008（5）：100–103.

[73] 潘海生.建立作为教育类型的职业教育的评价方式[J].中国职业技术教育，2021（4）：5–11，17.

[74] 潘海生."双高计划"背景下高职院校战略定位与建设逻辑[J].高等工程教育研究，2020（1）：142–147.

[75] 潘懋元，陈春梅.高等教育质量建设的理论设计[J].高等教育研究（武汉），2016（3）：1–5.

[76] 彭正霞.英国高校"质量文化"及内部质量保障体系[J].高教发展与评估，2006（4）：44–47.

[77] 齐艳杰.高校质量文化建设现状与改进策略——基于"高等教育第三方评估"个案调研[J].中国高教研究，2016（3）：22–30.

[78] 钱涛.大学组织文化建设与管理创新[J].江苏高教，2012（2）：36–37.

[79] 邱文教.教学质量文化建设探讨[J].教育评论，2007（5）：17–19.

[80] 曲庆，富萍萍，康飞，等.文化领导力：内涵界定及有效性初探[J].南开管理评论，2018（1）：191–202.

[81] 任雪园.普及化阶段高职教育高质量发展时代内涵行动逻辑与实践路径[J].职业技术教育，2020（34）：41–46.

[82] 沈湘平.理性的历史化与历史的理性化[J].人文杂志，2001（4）：32–37.

[83] 石贵龙，佘元冠.质量管理与质量文化——以日、美两国为例[J].北京工商大学学报（社会科学版），2007（5）：91–94.

[84] 舒绍福.跨文化领导的兴起、挑战与应对[J].教学与研究，2014（10）：60–66.

[85] 舒绍福.文化领导力的柔性化、德性化、智性化特征分析[J].领导科学，2014（7）：48–50.

[86] 舒志定.马克思正义批判语境中的教育正义[J].教育研究，2015（7）：4–10.

[87] 舒志定.劳动凸显教育的存在论旨趣——读马克思《1844年经济学哲学手稿》[J].教育研究，2020（10）：23–32.

[88] 苏启敏.学校质量文化建设的基本理念[J].教育科学研究，2013（5）：47–51.

[89] 苏永建.高等教育质量保障的历史演进、全球扩散与发展趋势[J].高等教育研究，2017（12）：1–11.

[90] 孙健.理解领导者权力的构成[J].紫光阁，2012（3）：75–76.

[91] 孙立樵.文化领导力的构架与提升[J].党政论坛，2013（4）：41–44.

[92] 孙立樵.文化领导力的价值意蕴与修炼途径[J].领导科学，2013（9）：38–40.

[93] 孙少博.组织文化评价量表的应用研究[J].东岳论丛，2012（4）：168–171.

[94] 谭庆明.试论高职教育创新发展的关键因素质量特色与自适应[J].高教论坛，2020（4）：91–93.

[95] 唐大光.高校质量文化及其培育研究[J].国家教育行政学院学报，2009（5）：23–27.

[96] 王保星.质量文化与学生参与：新世纪十年英国大学教育质量保障的新思维[J].杭州师范大学学报（社会科学版），2012（1）：118–123.

[97]　王家爱，贺志强，刘明，等.基于ISO9000族标准的高职学校的质量文化建设[J].石家庄职业技术学院学报，2009（6）：25-28.

[98]　王菁华.论组织文化视角下的大学文化构建[J].贵州社会科学，2008（9）：31-33.

[99]　王丽婷.高职学校质量文化的内涵与构建[J].济南职业学院学报，2013（5）：15-16，24.

[100]　王姗姗.高校质量文化满意度调查与分析——基于学生的视角[J].江汉大学学报（社会科学版），2016（2）：109-113.

[101]　王文静.人类学视野中的情境学习[J].外国中小学教育，2004（4）：20-23.

[102]　王晓红.组织文化LIPISA发展策略与冰山模式研究[J].学术界，2016（12）：85-95.

[103]　王亚南.高职院校专业带头人成就动机弱化的体制成因[J].中国职业技术教育，2019（22）：21-26，63.

[104]　王亚鹏.高职学校内部质量保障体系建设的内生性：超越"问责制"逻辑[J].职业技术教育，2018（25）：12-17.

[105]　王岩丰，赵宏春，李宣庆，等.简析企业质量文化的三元模型[J].中国标准化，2013（12）：68-74.

[106]　王咏.高职学校教师职称评审与岗位设置管理工作的衔接研究[J].天津职业院校联合学报，2012（14）：44-48.

[107]　王振洪.高职院校长质量文化领导力及其提升路径[J].教育研究，2013（1）：108-112.

[108]　文静.质量文化调查：欧洲高校内部质量保障强化的新路径[J].洛阳师范学院学报，2012（6）：1-4.

[109]　文茂伟.西方新领导理论：兴起、发展与趋向[J].社会科学，2007（7）：98-111.

[110]　吴结.我国高职教育现代性演进及增长路径[J].职业技术教育，2014（7）：5-9.

[111] 吴雪萍，郝人缘.中国职业教育的转型：从数量扩张到质量提升[J].中国社会科学文摘，2017（7）：142-143.

[112] 吴雪萍.美国提升职业教育数据质量的动因、策略与启示[J].教育研究，2018（2）：127-134.

[113] 吴雪萍.东盟职业技术教育区域化发展：基于FOPA模型的分析[J].中国高教研究，2018（6）：103-108.

[114] 吴雪萍.澳大利亚国家职业教育与培训数据政策探析[J].比较教育研究，2019（1）：100-106.

[115] 肖尚军.高职学校质量文化的构建与"合作"品质的提升[J].现代教育管理，2010（4）：95-97.

[116] 谢克海.5M视角下的领导力理论[J].南开管理评论，2018（4）：219-224.

[117] 辛本禄.现代组织文化的产生、层级及其特征[J].社会科学战线，2009（4）：223-226.

[118] 邢顺峰.建设高质量职业教育体系增强职业教育适应性[J].中国职业技术教育，2021（3）：12-18.

[119] 徐国庆.职业教育实现现代化的关键是完善国家基本制度[J].华东师范大学学报（教育科学版），2021（2）：1-14.

[120] 徐赟.欧洲大学质量文化建设：实践及启示[J].外国教育研究，2017（9）：3-12.

[121] 许秀妍.传统文化思想对高等职业教育质量文化建设的影响及对策[J].天津大学学报（社会科学版），2015（1）：41-44.

[122] 许亚琼.职业素养：职业教育亟待关注的课程研究领域[J].职业技术教育，2009（19）：48-51.

[123] 杨海燕.费德勒领导效能权变理论鉴评[J].领导科学，2019（5下）：48-49.

[124] 杨建新.变革创新引领推动新时代高职教育高质量发展的第一动力[J].江苏高教，2021（1）：116-120.

[125] 姚贵平.高职学校内部治理优化：制度建设与文化塑造[J].职教论坛，2016

（28）：35–38.

[126] 叶飞帆.大学基层学术组织的二维模型及其应用[J].中国高教研究，2010（2）：59–61.

[127] 叶忠，雷芳.学校文化领导的理论基点与实践机制——基于符号互动理论的视角[J].教育理论与实践，2011（11）：29–32.

[128] 于天远.组织文化的定义和研究方法综述[J].经济管理，2009（4）：178–182.

[129] 余会春.控制与自主：我国高校质量文化建设的方法选择[J].湖南师范大学教育科学学报，2009（3）：16–18.

[130] 俞国锋.质量文化：地方高校大学文化建设的重点[J].安徽工业大学学报（社会科学版），2013（1）：123–124，137.

[131] 袁广林.高校文化管理的核心：价值引领[J].现代教育管理，2012（2）：1–4.

[132] 袁景.高校教学质量文化建设与实践[J].黑龙江教育学院学报，2015（12）：54–55.

[133] 袁小平.中小学校长文化领导力的意蕴、结构与提升[J].教学与管理，2014（2）：40.

[134] 岳刚，陈明蔚.质量文化视阈下的高职学校教学质量保障体系研究[J].天津职业院校联合学报，2017（11）：53–57.

[135] 曾昊，陈春花，乐国林.组织文化研究脉络梳理与未来展望[J].外国经济与管理，2009（7）：33–42.

[136] 查有梁.论教育改革的限制性原理[J].教育科学研究，2013（4）：5–12.

[137] 张海军.试论高校质量文化的价值与构建[J].教育探索，2010（8）：13–15.

[138] 张鸿宇，王小英.幼儿园园长文化领导力的意蕴、构架与提升[J].广西社会科学，2017（7）：206–209.

[139] 张珊珊.英国高校质量文化与内部质量保障机制研究——以伦敦大学学院（UCL）为例[J].教育与考试，2013（1）：83–86.

[140] 张淑华，李海莹，刘芳.身份认同研究综述[J].心理研究，2012（5–1）：

21–27.

[141] 张应强.质量与特色：高等教育改革与发展的两大主题[J].龙岩学院学报，2006（4）：9–12，20.

[142] 张应强.当前我国高等职业教育改革发展的两个问题[J].苏州大学学报（教育科学版），2014（2）：39–45.

[143] 张应强，苏永建.高等教育质量保障：反思、批判与变革[J].教育研究，2014（5）：19–27，49.

[144] 张应强.高等教育质量建设：创新体制机制与培育质量文化[J].江苏高教，2017（1）：1–6.

[145] 张应强.教育内外部关系规律及其在高等教育研究中的运用[J].复旦教育论坛，2020（5）：5–11.

[146] 张玉鹏，姜东亮.新时代高职学校质量文化建设路径探析[J].北京经济管理职业学院学报，2020（12）：65–71，78.

[147] 赵健.协同创新视域下应用型高校质量文化建设[J].中国高校科技，2018（5）：45–47.

[148] 赵伟，孙英.职业教育类型论[J].中国高教研究，2020（11）：98–103.

[149] 赵亿.交互·阐释·批判：理解组织文化理论的三个纬度[J].当代传播，2013（5）：31–33.

[150] 赵宇新.学校组织文化的实证研究——以高职院校为例[J].国家教育行政学院学报，2010（7）：82–86.

[151] 郑杭生.现代性过程中的传统和现代[J].学术研究，2007（11）：5–10.

[152] 郑立伟.质量文化评价及实证研究[J].世界标准化与质量管理，2008（10）：34–38.

[153] 周建松.高职教育的文化定位与建构路径[J].高教探索，2017（12）：89–92.

[154] 周建松.基于类型特色的高等职业教育高水平建设方略[J].现代教育管理，2018（4）：72–76.

[155] 周建松.高职院校教学中心地位的内涵和实现策略研究[J].中国大学教学，

2018（5）：73-77.

[156] 周建松.政府双重支持政策助推中国高职教育迈向高水平[J].中国高教研究，2018（8）：31-32.

[157] 周建松.新时代中国特色高等职业教育的内涵与发展路径[J].中国高教研究，2019（4）：98-102.

[158] 周建松.基于高质量发展的高职院校素质教育[J].中国高等教育，2019（7）：57-59.

[159] 周建松.双高建设中的文化存在及其路径研究[J].中国职业技术教育，2020（15）：10-15.

[160] 周劲松.依托工学结合项目，推进高职学校专业教学团队建设[J].中国大学教学，2010（3）：80-81，96.

[161] 周应中.高职院校科层制的理性审思[J].现代教育论丛，2013（6）：92-96.

[162] 周应中.新中国70年职业教育产教融合政策变迁逻辑——历史制度主义的视角[J].职业技术教育，2019（33）：12-17.

[163] 周应中.质量文化培育与生成：高职学校高水平建设的核心路径[J].中国高教研究，2020（3）：98-101.

[164] 朱剑.英国职前教师教育质量管理体系：从质量保证走向质量文化[J].教师教育研究，2016（11）：122-128.

[165] 朱炜.强化校长的文化领导力：学校组织变革的成功之道[J].教育发展研究，2013（24）：32.

学位论文

[1] 蔡世华.大学组织文化变革机理与实践路径研究[D].徐州：中国矿业大学，2019.

[2] 曹耀萍.英语专业教师的文化影响力研究[D].上海：华东师范大学，2015.

[3] 高岩.中小学校长教学领导胜任力提升研究[D].重庆：西南大学，2015.

[4] 雷芳.学校文化领导实践问题研究——基于符号互动理论的批判与实践探

索[D].南京：南京师范大学，2012.

[5] 李丹.重庆市大学生的中国梦与其成就动机、学习责任心的关系研究[D].重庆：西南大学，2015.

[6] 李飞.引领与自主：学校变革中的教师领导与管理[D].上海：华东师范大学，2011.

[7] 李明聪.角色理论视域下的警察鉴定人角色冲突与矫正[D].北京：中国政法大学，2020.

[8] 梁国利.大学校长道德领导研究[D].沈阳：东北大学，2014.

[9] 刘艳茹.价值领导：基于小学校长领导行为的研究[D].上海：华东师范大学，2019.

[10] 龙雯雯.高等学校质量文化建设策略研究[D].武汉：中南民族大学，2012.

[11] 娄元元.学校发展中的教师领导研究[D].上海：华东师范大学，2015.

[12] 聂林.学习型组织文化、工作满意度对组织承诺的影响研究[D].济南：山东大学，2014.

[13] 乔资萍.小学校长领导行为研究[D].济南：山东师范大学，2018.

[14] 陶思亮.中国大学生领导力发展与教育模型研究[D].上海：华东师范大学，2014.

[15] 王利.学校课程领导研究[D].兰州：西北师范大学，2007.

[16] 王亚南.高职学校专业带头人能力模型构建及发展研究[D].上海：华东师范大学，2018.

[17] 王瑛.高校外语教师专业领导力研究[D].上海：华东师范大学，2012.

[18] 魏艳.专家领导力研究——基于林木西教授的个案研究[D].武汉：华中师范大学，2015.

[19] 吴全华.教育现代性的合理性研究[D].广州，华南师范大学，2005.

[20] 阎光才.识读大学：组织文化的视角[D].上海：华东师范大学，2001.

[21] 张平.学校变革视野下校长领导力研究[D].上海：华东师范大学，2009.

电子文献/政策文件

[1]　国务院.关于大力推进职业教育国务院改革与发展的决定（国发〔2002〕16 号）[EB/OL].（2002–08–24）.http：//www.gov.cn/gongbao/content/2002/content_61755.html.

[2]　教育部.教育部等七部门关于进一步加强职业教育工作的若干意见（教职成〔2004〕12 号）[EB/OL].（2004–09–14）.http：//www.moe.gov.cn/srcsite/A07/moe_737/s3876_qt/200409/t20040914_181883.html.

[3]　人事部.事业单位岗位设置管理试行办法（国人部发〔2006〕70 号）[EB/OL].（2006–07–04）.http：//www.gov.cn/zwgk/2006–11/17/content_445937.html.

[4]　教育部.关于全面提高高等职业教育教学质量的若干意见（教高〔2006〕16 号）[EB/OL].（2006–11–20）. http：//old.moe.gov.cn//publicfiles/business/htmlfiles/moe/moe_745/200612/19288.html.

[5]　国务院.国务院关于加快发展现代职业教育的决定（国发〔2014〕19 号）[EB/OL].（2014–05–02）.http：//www.gov.cn/zhengce/content/2014–06/22/content_8901.html.

[6]　教育部.现代职业教育体系建设规划（2014—2020 年）（教发〔2014〕6 号）[EB/OL].（2014–06–16）.http：//old.moe.gov.cn/publicfiles/business/htmlfiles/moe/s8159/201406/170737.html.

[7]　教育部.教育部办公厅关于建立职业院校教学工作诊断与改进制度的通知（教职成厅〔20015〕2 号）[EB/OL].（2015–06–23）.http：//www.moe.gov.cn/srcsite/A07/moe_737/s3876_zdgj/201507/t20150707_192813.html.

[8]　教育部.高等职业教育创新发展行动计划（2015—2018 年）（教职成〔20015〕9 号）[EB/OL].（2015–10–19）.http：//www.moe.gov.cn/srcsite/A07/moe_737/s3876_cxfz/201511/t20151102_216985.html.

[9]　国务院.国务院教育督导委员会办公室关于印发高等职业院校适应社会需求能力评估暂行办法的通知（国教督办〔2016〕3 号）[EB/OL].（2016–03–

14）.http：//www.moe.gov.cn/srcsite/A11/moe_764/201603/t20160323_234947.
html.

[10] 浙江省教育厅.关于开展高校"十三五"优势特色专业建设的通知（浙教
高教〔2016〕106号）[Z].

[11] 国务院.国家职业教育改革实施方案（国发〔2019〕4号）[EB/OL].（2019–
01–24）.http：//www.gov.cn/zhengce/content/2019–02/13/content_5365341.html.

[12] 教育部.深化新时代职业教育"双师型"教师队伍建设改革实施方案（教师
〔2019〕6号）[EB/OL].（2019–08–30）.http：//www.gov.cn：8080/xinwen/2019–
10/18/content_5441474.html.

[13] 教育部.2019年全国教育统计数据[EB/OL].（2020–06–11）.http：//www.
moe.gov.cn/s78/A03/moe_560/jytjsj_2019/qg/.

英文文献

专著

[1] Burns, J.M. Leadership[M]. New York: Harper & Row, 1978.

[2] Dimmock C. & Walker A. Educational Leadership:Culture and Diversity[M].
London:SAGE Publications, 2005.

[3] Leith Wood, K., Louis, K.S., Andersen,S., et al. How Leadership Influences
Student Learning: Review of Research[M].Minneapolis: Center for Applied
Research,University of Minnesota, 2004.

[4] Schein,E. H. Organizational Culture and Leadership [M]. San Francisco:Jossey
Bass, 1992.

[5] Schein, E. H. Organizational Culture and Leadership[M]. 3rd.ed. San Francisco:
Jossey Bass, 2004.

[6] Trice, H.M. & Beyer, J.M. The Cultures of Work Organizations[M]. Englewood
Cliffs: Prentice-Hall,1993.

期刊论文/报告

[1]　Alzeban, A. The Impact of Culture on the Quality of Internal Audit: An Empirical Study[J]. Journal of Accounting,Auditing& Finance, 2015(1): 57-77.

[2]　Campos, A., Mendes, J., Silva, J. & Valle, P. Critical Success Factors for a Total Quality Culture: A Structural Model Fatorescríticos de sucesso de umacultura da qualidade total: Um modeloestrutural[J]. Tourism & Management Studies, 2014(10): 7-15.

[3]　Todorup, A. V. & Bojinca, M. Total Quality Management and Quality Cullture[J]. Quality – Access to Success, 2013(14): 79-82.

[4]　Stanciu, A. C. Quality-oriented Organizational Culture[J]. "Ovidius" University Annals, Economic Sciences Series, 2015(5): 172-174.

[5]　Atkinson, J. W. Motivational Determinations of Risk Taking Behaviors[J]. Psychological Review, 1957, 64(3): 359-372.

[6]　Beyer,J.M. & Browning, L. D. Transforming and Industry in Crisis: Charisma, Routinization, and Supportive Cultural Leadership[J]. The Leadership Quarterly, 1999, 10(3): 483-520.

[7]　Militaru, C. & Pavel, A. P. Leadership and Quality Culture in Achieving Excellence in the Romanian Highereducation [J]. Quality – Access to Success, 2013 (14): 139-144.

[8]　Detert, J. R., Schroeder, R. G. & Maiiriel, J. J. A Framework for Linking Culture and Improvement Initiatives in Organizations[J]. Academy of Management Review, 2000, 25(4): 850-863.

[9]　Dhaya Naidoo, D. Reconciling Organisational Culture and External Quality Assurance in Higher Education[J].Higher Education Management and Policy, 2013 (24):85-98.

[10]　Katiliute, E. & Neverauskas, B. Development of Quality Culture in the Universities[J]. Ecpnomics & Management, 2009 (14): 1069-1076.

[11] European University Association.Developing an Internal Quality Culture in European Universities: Report on the Quality Culture Project 2002—2003[R]. Brussels:European University Association, 2005: 6, 8 , 17-25.

[12] Harvey, L. & Knight, P. Transforming Higher Education[M]. Buckingham: Open University Press, 1996: 116.

[13] Hinkin, T. R. A Review of Scale Development Practices in the Study of organizations[J]. Journal of Management:Official Journal of the Southern Management Association, 1995, 21(5): 967-988.

[14] Martin, T. N. & Huq, Z. Realigning Top Management's Strategic Change Actions for ERP Implementation: How Specializing on Just Cultural and Environmental Contextual Factors Could Improve Success[J]. Journal of Change Management, 2007, 7(2): 121-142.

[15] Maull, R., Brown, P. & Cliffe, R. Organizational Culture and Quality Improvement[J]. International Journal of Operations & Production Management, 2001, 21(3): 302-328.

[16] Simona, P, Mariana, C. L. & Valentina, I. R. Quality Assurance VS.Quality Culture into the Higher Education Services Sector. Points of Convergence to Performance[J]. "Ovidius" University Annals, Economic Sciences Series, 2013(5): 953-958.

[17] Sergiovanny, T.J.Leadership and Excellence in Schooling[J]. Education Digest, 1984, 41(5): 6.

[18] Sergiovanny, T.J.Organization or Communities? Changing the Metaphor Changes the Theory[J]. Educational Administration Quarterly, 1993, 30(2): 214-226.

[19] Ntim, S. Embedding Quality Culture in Higher Education in Ghana: Quality Control and Assessment in Emerging Private Universities[J]. Quality－Access to Success, Higher Education, 2014(6): 837–849.

[20] Trice, H. M. & Beyer, J. M. Cultural Leadership in Organizations[J]. Organization Science, 1991, 2(2): 149-170.

附　录

附录 1："高职专业负责人质量文化领导研究"访谈提纲

（访谈对象：职教研究专家、高职学校校长及副校长、教务处处长、二级院系负责人等）

尊敬的专家：

　　您好！因课题研究，我需要邀请一些职教专家或管理干部开展访谈。非常感谢您今天花费宝贵的时间接受我的访谈，访谈可能会占用您 1 个多小时时间。访谈主要围绕"高职学校专业建设中专业负责人应该如何领导质量文化培育与生成"这个话题，目的在于为设计开发高职专业负责人质量文化领导模型及评价量表收集数据资料。在访谈过程中，您需要回答我提出的一些问题，为了便于整理，请允许我使用录音笔进行记录。本人向您保证，访谈内容与录音记录仅用于本人的科学研究，绝不用于其他用途，并将严格保密访谈内容。本访谈的成功，端赖您的理解与支持，恳请惠予协助！谢谢！

2020 年 8 月

（说明：本书中所提到的专业负责人具体是指在高职学校"专业"这一基层

组织单位中，实质性担负着领导专业建设职责的教师，也有学校称之为专业带头人、专业教研室主任、专业主任等。如果仅仅被上级赋予"专业带头人"称号，而并没有实质性承担领导专业建设的职责，不在本书的研究范围）

1.您的基本信息

性别	年龄	职称（职务）	从事职教研究或管理的年限

2.您是如何看待质量文化培育在高职专业建设中的地位和作用的？您在自己的研究（管理）中重视高职专业质量文化培育问题吗？您所在的学校有质量文化建设方面的规划（方案）或者专题研究过专业质量文化建设问题吗？

3.您理想中的高职专业应该形成怎样的质量文化？您可以用您研究过或者您所在学校的某个专业的质量文化为例加以说明。

4.您认为专业负责人在质量文化培育与生成中应该承担什么角色？您认为一个好的专业负责人和一个专业具有好的质量文化之间的关联度高不高？

5.您认为您所了解过或者你们学校的专业负责人都发挥他们应该具有的作用了吗？您认为专业负责人应该如何领导质量文化培育与生成？您可以用1—2名您所了解的或者你们学校的专业负责人为例加以说明。

附录 2："高职专业负责人质量文化领导现状与影响因素研究" 访谈及补充访谈提纲

（访谈对象：专业负责人；补充访谈对象：普通教师、学校行政管理人员）

尊敬的专业负责人/老师：

您好！因课题研究，笔者需要邀请一些专业负责人/老师开展访谈。非常感谢您今天花费宝贵的时间接受我的访谈，访谈可能会占用您 1 个多小时时间。访谈主要围绕"高职专业负责人质量文化领导的现状如何？""高职专业负责人质量文化领导受哪些因素影响？"这两个话题，目的在于为探寻高职专业负责人质量文化领导的改进与提升路径提供思路和依据。在访谈过程中，您需要回答我提出的一些问题，为了便于整理，请允许我使用录音笔进行记录。本人向您保证，访谈内容与录音记录仅用于本人的科学研究，绝不用于其他用途，并将严格保密访谈内容。本访谈的成功，端赖您的理解与支持，恳请惠予协助！谢谢！

2020 年 11 月

（说明：本书中所提到的专业负责人具体是指在高职学校"专业"这一基层组织单位中，实质性担负着领导专业建设职责的教师，也有学校称之为专业带头人、专业教研室主任、专业主任等。如果仅仅被上级赋予"专业带头人"称号，而并没有实质性承担领导专业建设的职责，不在本书的研究范围）

一、专业负责人

1. 您的基本信息

性别	年龄	职称	担任专业负责人的年限

2.请问您是如何看待质量文化培育在高职专业建设中的地位和作用的？您是如何理解高职专业质量文化的内涵的？

3.您对自己所在专业的人才培养目标和人才培养质量是怎样理解的？

4.请您评价一下您自己或您所在学校的专业负责人在专业质量文化培育中的作用发挥情况，最好能详细描述您或您所在学校的专业负责人是如何在专业质量文化培育中发挥作用的。

5.您认为您自己或您所在学校的专业负责人，在统领专业质量文化培育与生成过程中，哪些方面做得比较好，哪些方面做得比较差？请具体阐述。

6.（关键事件访谈）请您回想一下自己在从事专业负责人这项工作中曾经发生的与专业质量文化建设有关的比较重要的一个工作事例，可以是成功的事例，也可以是感到遗憾的事例（"成功的事例"是指完成这些工作让您感到当时您对情况的分析和判断是正确的，采取的行动和措施是得当的，所遇到的困难和障碍大部分都被您克服掉了，最后结果是完成了任务，或者您对自己的工作感到满意；"遗憾的事例"是指进行这些工作让您感到当时您较难把握情况的发展，或所采取的行动措施效果不明显，或完成这项工作总是有您力所不能及的困难或障碍，最后的结果是未能完成工作任务，或是您对自己的工作不满意。您描述得越详细越好）。

7.您认为高职学校专业负责人质量文化领导受哪些因素影响？

二、普通教师

1．您的基本信息

性别	年龄	职称	担任高职学校教师的年限

2.请问您是如何看待质量文化培育在高职专业建设中的地位和作用的？您是如何理解高职专业质量文化的内涵的？

3.请您总体评价一下您自己所在专业的专业负责人或您所在学校的专业负

责人在专业质量文化培育中的作用发挥情况。您对自己所在专业和所在学校的专业负责人，在质量文化培育中有什么期待？

4.您认为您所在专业或您所在学校的专业负责人，在统领专业质量文化培育与生成过程中，哪些方面做得比较好，哪些方面做得比较差？请具体阐述。

5.（关键事件访谈）请您描述您所在专业的负责人或你们学校的某位专业负责人在统领专业质量文化培育与生成中，让您印象最深刻的一件事。

6.您认为高职专业负责人质量文化领导受哪些方面的因素影响？请简要说说您为什么会这样认为。

三、学校行政管理人员

1. 您的基本信息

性别	年龄	职称	在高职学校从事行政管理工作的年限

2.请问您是如何看待质量文化培育在高职专业建设中的地位和作用的？您是如何理解高职专业质量文化的内涵的？

3.请您评价一下您所在学校的专业负责人在专业质量文化培育中的作用发挥情况。您对自己所在学校的专业负责人，在质量文化培育中有什么期待？

4. 您认为您所在学校的专业负责人，在统领专业质量文化培育与生成过程中，哪些方面做得比较好，哪些方面做得比较差？请具体阐述。

5.（关键事件访谈）请您描述你们学校的某位专业负责人在领导质量文化培育中，让您印象最深刻的一件事。

6.您认为高职专业负责人质量文化领导受哪些方面因素影响？请简要说说您为什么会这样认为。

附录3："高职专业负责人质量文化领导现状及影响因素"调查问卷

（问卷对象：高职学校专业负责人）

尊敬的专业负责人：

您好！感谢您在百忙之中抽出宝贵时间填写这份问卷。本人因课题研究写作，需要比较客观全面地了解高职专业负责人质量文化领导的现状及影响因素，因此恳请您根据自身情况认真作答。问卷填写大概需要8—10分钟，选项没有对错之分，问卷答案不会对外公开，仅供学术研究使用，不会对您产生任何影响。我郑重承诺对您填写的所有信息严格保密。请您放心并且提供客观的回答。本研究的成功，端赖您的理解与支持，非常感谢！祝您生活愉快，工作顺利！

2020年10月

一、问卷对象说明

本问卷面向高职学校专业负责人发放。本书所指的专业负责人具体是在高职学校"专业"这一基层组织单位中，实质性担负领导专业建设职责的教师，也有学校称之为专业带头人、专业教研室主任、专业主任等。如果仅仅出于"荣誉"或"项目"等目的而被授予"专业负责人""专业带头人"或"专业主任"称号，并没有实际承担专业建设统领职责，则不在本调研之列。

二、基本信息部分

以下需要填写您和您所在学校的基本信息，仅用于数据整理分析，不涉及个人隐私，请您选择适当的选项。

1.您的性别：

（　）男；（　）女

2.您所在学校在哪个省？

（　）广东；（　）浙江；（　）山东；（　）河南；（　）湖北；（　）湖南；（　）四川；（　）陕西；（　）河北；（　）重庆；（　）云南；（　）福建；（　）江西；（　）海南；（　）黑龙江；（　）江苏

3.您所在的学校是：

（　）国家级"示范校""骨干校""优质校"或"双高计划"入选院校；

（　）省级"示范校""骨干校""优质校"或"双高计划"入选院校；

（　）没有入选过国家级或省级"示范校""骨干校""优质校"或"双高计划"

4.您所在的专业是：

（　）国家级重点专业（含示范、骨干等）；

（　）省级重点专业（含示范、骨干等）；

（　）校级重点专业（含示范、骨干等）；

（　）以上都不是

5.您的职称是：

（　）教授；（　）副教授；（　）讲师

6.您的年龄是：

（　）25—35 岁；（　）36—45 岁；（　）46—55 岁；（　）55 岁以上

7.您是否有企业工作经历：

（　）有；（　）无

8.您承担专业负责人这份职责的时间在：

（　）1 年以内；

（　）1 年以上至 3 年以内；

（　）3 年以上至 10 年以内；

（　）10 年以上

三、现状调查部分

　　下述题项依据前期研究而设计，请根据题项所表述的行为与您在工作中实际表现的符合程度回答，单选题。在对应的选项上画"○"即可。

题　项	做得非常好	做得还可以	做得一般	做得比较差	做得非常差
（一）有关质量愿景塑造					
1.请问您在明确专业人才培养目标定位方面做得怎么样？	5	4	3	2	1
2.请问您在促进专业教学团队共享人才培养质量观方面做得怎么样？	5	4	3	2	1
3.请问您在增强自己及专业教学团队其他成员的质量意识方面做得怎么样？	5	4	3	2	1
4.请问您及专业教学团队在研制和贯彻专业教学标准方面做得怎么样？	5	4	3	2	1
5.请问您及专业教学团队在塑造学生职业精神方面做得怎么样？	5	4	3	2	1
（二）有关团队合力凝聚					
6.请问您在营造和谐的工作氛围、体现人文关怀方面做得怎么样？	5	4	3	2	1
7.请问您在优化专业教学团队结构方面做得怎么样？	5	4	3	2	1
8.请问您在组织本专业教学团队开展教科研或校企共建项目合作方面做得怎么样？	5	4	3	2	1
9.请问您在协调本专业教学团队合理分工、互相"补台"方面做得怎么样？	5	4	3	2	1
（三）有关教学资源整合					
10.请问您在推动本专业开展校企合作方面做得怎么样？	5	4	3	2	1
11.请问您在为本专业争取校内资源，加强专业教学资源建设方面做得怎么样？	5	4	3	2	1
12.请问您在统筹利用校内外资源，组织专业教学团队开发教学资源方面做得怎么样？	5	4	3	2	1
（四）有关课程教学组织					
13.请问您在身先示范并加强专业教学团队的师德师风建设方面做得怎么样？	5	4	3	2	1

续表

题 项	做得非常好	做得还可以	做得一般	做得比较差	做得非常差
14.请问您在开展教学管理，确保教学正常运行方面做得怎么样？	5	4	3	2	1
15.请问您在组织本专业教学团队开发与优化专业课程体系方面做得怎么样？	5	4	3	2	1
16.请问您在组织本专业塑造良好学风方面做得怎么样？	5	4	3	2	1
（五）有关质量绩效改进					
17.请问您在诊断教学运行及质量管理中存在问题方面做得怎么样？	5	4	3	2	1
18.请问您在监控教学日常运行，把控教学各环节质量方面做得怎么样？	5	4	3	2	1
19.请问您在带领本专业教学团队主动改善教育教学中存在问题，提高教学效果方面做得怎么样？	5	4	3	2	1
（六）有关专业发展引领					
20.请问您在身先示范积极开展教学改革方面做得怎么样？	5	4	3	2	1
21.请问您在规划自己的专业发展并努力实现自身发展目标方面做得怎么样？	5	4	3	2	1
22.请问您在不断提高自己的业务能力，提高行业地位和影响力方面做得怎么样？	5	4	3	2	1

四、影响因素调查部分

下述题项依据前期研究而设计，请根据您的认识和自身感受回答，单选题。在对应的选项上画"○"即可。

23. 您对专业负责人的身份认同吗？愿意承担统领自己所在专业建设及质量文化培育的职责吗？

非常认同	比较认同	一般认同	比较不认同	非常不认同
5	4	3	2	1

24.您希望自己能够在统领专业建设及质量文化培育中做出好成绩吗？

非常希望	比较希望	一般希望	比较不希望	非常不希望
5	4	3	2	1

25.您对高职专业建设及质量文化培育的内涵、意义和路径了解吗？

非常了解	比较了解	一般了解	比较不了解	非常不了解
5	4	3	2	1

26.您认为自己具有做好专业建设并培育质量文化的知识和能力吗？

非常具有	比较具有	一般具有	比较不具有	非常不具有
5	4	3	2	1

27.您认为您的学校及本专业所在院系具有有利于自己做好专业建设及人才培养工作的良好文化氛围吗？

非常具有	比较具有	一般具有	比较不具有	非常不具有
5	4	3	2	1

28.您认为您的学校及本专业所在院系具有有利于自己统领专业质量文化培育工作的专业建设机制吗？

非常具有	比较具有	一般具有	比较不具有	非常不具有
5	4	3	2	1

29.您认为您的学校的各方面政策能够激励自己开展质量文化培育，做好专业建设工作吗？

非常能够	比较能够	一般能够	比较不能够	非常不能够
5	4	3	2	1

30.您认为您的学校提供了较多的培训和发展平台支持您提升自身能力吗？

非常多	比较多	一般多	比较少	非常少
5	4	3	2	1

感谢您的认真回答！谢谢！

附录4: 本书两轮访谈涉及的访谈对象相关信息统计表

一、第一轮访谈受访专家名单及相关信息

受访代码	性别	年龄	现任职务	职教研究（管理）年限
JZ1	男	59	职教研究专家	32
JZ2	男	56	副校长	28
JZ3	男	48	质量办主任	20
JZ4	男	52	副校长	32
JZ5	男	45	教务处长	15
JZ6	女	42	系主任	12
JZ7	女	49	二级学院院长	18
JZ8	男	51	副校长	29
JZ9	女	58	教务处长	22
JZ10	男	56	二级学院院长	26
JZ11	男	63	职教研究专家	33
JZ12	男	62	职教研究专家	22
JZ13	男	54	副校长	20
JZ14	女	48	质量办主任	18
JZ15	女	45	教务处长	23

注：为了保护受访者，不对受访专家使用真实姓名，而用受访代码。

二、第二轮访谈受访院校与受访对象相关信息

（一）受访院校

受访院校名称	学校所在区域	学校近年来受评的称号
浙江××职业学院	东部	国家级"双高计划"入选学校
浙江××职业技术学院	东部	省级"示范校""双高计划"入选学校
浙江××职业技术学院	东部	没有入选院校
河南××职业学院	中部	国家级"示范校""优质校""双高计划"入选学校
河南××职业技术学院	中部	省级"优质校""双高计划"入选学校
河南××职业技术学院	中部	没有入选院校

受访院校名称	学校所在区域	学校近年来受评的称号
四川××职业技术学院	西部	国家级"示范校""优质校""双高计划"入选学校
四川××职业技术学院	西部	省级"优质校""双高计划"入选学校
四川××职业学院	西部	没有入选院校

（二）受访对象

统计学指标	类别	专业负责人	普通教师	行政管理人员
人 数		30	9	10
性别	男	18	5	5
	女	12	4	5
职称	正高	11	2	2
	副高	12	4	6
	中级	7	3	2
年限（承担专业负责人职责、教师或从事行政管理）	1—3 年	3	2	2
	4—10 年	18	5	3
	10 年以上	9	2	5

后　记

本书是在我的博士学位论文的基础上修改而成的，能够获得"浙江省高校重大人文社科攻关计划项目"资助出版是我莫大的荣幸。由于工作繁忙，我的博士学位论文写作及其修改出版，基本上是在夜间断断续续完成的。在断续的写作和修改中，读研、读博的那些求学时光以及那些因日常杂务而有些沉没于记忆中的人、事、景，重新生动、清晰、亲切起来……

感谢我的博导吴雪萍教授、合作导师周建松教授和读硕士研究生时的导师舒志定教授。他们一直关心我的学习与工作，尤其是在我为博士学位论文写作备感迷茫的时候，给予我莫大的鼓励与帮助，让我终生难忘！他们严谨的学术态度和对教育研究与实践的执着，始终感染着我。感谢我的博士论文答辩委员会主席张应强教授和所有的答辩委员会委员，他们在论文预答辩、正式答辩中帮助我明确了研究方向，提出了中肯的意见和建议。

感谢在我访谈、问卷和论文写作过程中，给予我帮助的所有人！特别要感谢浙江工业大学曾恺博士在调研数据处理方面给予我的指导与帮助！没有众多好友和很多并不相识的朋友的热心参与和帮助，我是无法完成博士学位论文写作的。我无法列出每一个帮助过我的老师、朋友、同学、同事，但我衷心感谢他们！

感谢在我攻读博士学位期间，我的工作单位浙江艺术职业学院的领导和我所在的教务处的同事们以及学校里的很多老师，给予了我全力的支持和诚挚的关心，我忘不了你们在我为工学矛盾而愁眉不展时助我的一臂之力！还要感谢浙江大学出版社为此书付出的心血！

　　最后，深深感谢我的父母、妻儿和姐姐、弟弟，是他们给予我永远的关爱、支持和慰藉。2021 年我取得博士学位之时，母亲尚在，但 2022 年 11 月，她永远地离开了我们，从此，"母亲"两个字，时时模糊着我的双眼。

　　感谢上苍赐予我的一切，让我在完成博士论文写作及其修改出版的同时，也学会了更加包容、忍耐和爱！

周应中

2023 年 3 月 1 日于杭州